有些"秘密"

注定只能被少数人知道……

营销兵法

朱瑶旭 著

民主与建设出版社
·北京·

© 民主与建设出版社， 2018

图书在版编目（CIP）数据

营销兵法 / 朱瑶旭著. — 北京：民主与建设出版
社, 2018.12
ISBN 978-7-5139-2346-0

Ⅰ.①营… Ⅱ.①朱… Ⅲ.①营销策略 Ⅳ.
①F713.50

中国版本图书馆CIP数据核字(2018)第258346号

营销兵法
YINGXIAO BINGFA

出 版 人 李声笑
著   者 朱瑶旭
责任编辑 王 颂
封面设计 万有文化
出版发行 民主与建设出版社有限责任公司
电   话 (010) 59417747 59419778
社   址 北京市海淀区西三环中路10号望海楼E座7层
邮   编 100142
印   刷 天津盛辉印刷有限公司
版   次 2018 年12月第1版
印   次 2018 年12月第1次印刷
开   本 880毫米×1230毫米 1/32
印   张 6.75
字   数 105千字
书   号 ISBN 978-7-5139-2346-0
定   价 69.00元

注：如有印、装质量问题，请与出版社联系。

生意场上的孙子兵法

文/李鲆

商场如战场，想要赢得胜利，打败对手，就一定要懂得营销策略。

无论做哪一门生意，我们都会遇到各种各样的难题。微商人，会对如何出货、招商、增粉等感到头疼；电商人，会遇到如何获取流量、如何增加好评率等问题；实体店经营者需要考虑的方面就更多了，如何锁客、拓客、增加利润、击败竞争对手，如何减少成本，扩大生意规模。

《营销兵法》针对这些难题，结合真实案例，给出了一系列清晰、具体、好学、易懂的营销策略。

这些营销策略，许多成功的生意人都在用，他们或多或少对其中的概念、操作方式有一定的了解，但从不对外言传，更不会教给别人。

为什么？

因为少一个人知道这些营销策略，他们就相当于少了一个竞争对手，在此情况下，谁都不愿意把自己几十年经营生意的秘诀公开。

所幸，本书作者朱瑶旭是一个不畏惧竞争的人，他愿意毫无保留地将这些营销策略以文字方式，呈现给大家。

他是万人学府营销学院院长，前京东商城地方馆运营总监，西部电子商务培训中心主任，广东圆梦教育咨询有限公司董事长兼微商圆梦汇创始人。

他的实战经验丰富，操盘过30多个不同类目，1000多个sku产品，成功帮助各行业的创业者突破瓶颈，找到属于自己的赚钱方式。

其中，最令人佩服的是他有好几次都让穷途末路的实体店，在短时间内重新振作，利润翻倍，实现了"逆袭"。这些经典案例，本书也都有收录。

本书内容主要分为两大部分。上半部分重点解读线上营销的玩法，包含破局微商、个人品牌打造、吸粉策略、粉丝经营、社群运营、被窝红利等内容；下半部分重点解读实体企业的困局，分享营销策略、解密实战案例。

可以说，《营销兵法》就是生意场上的《孙子兵法》。它们的共同之处就在于，能让你打败竞争对手，赢得胜利，走向成功。

李鲆　出版策划

276527980

资深出版人，策划出版多部畅销书，著有《畅销书浅规则》《畅销书营销浅规则》《微商文案手册》等

开启营销的大门

20世纪70、80年代实体行业兴起，后来步入电商时代，再到如今的移动互联网时代，我们的生活正在悄然发生着改变。现在已经是智能手机＋移动互联网完美结合的时代！微信的使用、移动支付的到来等，都让这个世界变得更加奇妙。

不管走到哪一个地方，我们只需要一部手机可以快速拉近彼此的空间距离；只需要一部手机可以链接世界，做全球的生意。

同时，智能手机和微信的结合，让很多人如虎添翼。特别是年轻一代的人，他们通过微信用一些简单的营销策略，就能轻松地赚钱。以前传统老板花了3年、5年才赚了一两百万元，但是现在在微信里，很多人只花了几个月就赚到了几十万元甚至上百万，这已经是很常见的现象。

这个时代虽然有它的美好，但是对传统企业老板、实体店的老板、新型创业者、宝妈微商以及对手机、微信操作生疏的创业者们来说，是非常痛苦的。

因为他们不知道如何利用微信个人号、利用朋友圈去轻松赚钱；不知道如何去运营一个微信社群，去维系以及提升客户和

我们的关系；<mark>也不知道该如何顺应人的心理，去设计一套让人无法拒绝的营销方案。</mark>

更让人难以置信的是，很多人从来没做过自己的微信社群和收费社群，甚至也从来没参加过那些精心运营的付费社群，去学习、去获取知识。

与此同时，还有非常多的年轻人开始开实体店，他们懂得微信的妙用，把微信营销和实体店经营结合，击败身边其他的竞争对手。

有些创业者说："我没有人脉，没有资金，要怎么去创业呢？"

但我想说的是："<mark>你目前的近况是你3年前，甚至5年前造成的。但3年后你成为什么样的人，只取决于你当下的行动！移动互联网创业，一切皆有可能！</mark>"

就像我一样，也是从草根一步步做起来的。

当初我辞去京东商城地方馆运营总监一职，投身于移动互联网创业，身边很多朋友都不理解，甚至认为我去做了传销。当我们看见趋势的时候，<mark>只需要用心、专注去做</mark>，结果自然说明一切。

我从来不认为自己是什么大咖，我只认为自己是一个愿意付出行动，且愿意为弟子学员们付出的一个移动互联网创业者而已。

<mark>所以，未来是移动互联网红利的时代！</mark>

如果你现在还不去学习营销、不去研究人的心理，那么你的产品、你的店铺、你的企业将会面临崩溃的边缘。

如果你此时此刻，正好遇到我刚刚所提到的一些问题，我希望你能够用心地读完这本书。因为，在这几年的疯狂实战中，我打造出40多个经历过实战检验的营销策略。

比如：软性破冰、信任爆破、锁销策略、时空交差策略、提前收款策略等等。

同时，每次运用1~2种策略组合在一起，就让我取得了以下成就：

（1）2015年4月，通过1篇文章+1张图片+1段录音，让微信群仅花20分钟就轻松拥有巨额营业额；

（2）2016年6月，我打造了一个可以自动赚钱的"教育类分销平台"；

（3）2017年5月，我通过策划"送钱计划"的活动，仅用了14天时间就给参与的学员们分出了百万现金；

（4）2018年1月，我带着嫡传弟子们见证，我用两天半时间，售出3000本《微信营销：18本秘籍》的全过程。

正是因为我在实战的过程中，看到了太多的创业者非常迷茫，找不到出口，所以，才有了今天的这本书。

本书内容主要分为两大部分。第一部分包括破局微商、个人品牌打造、吸粉策略、粉丝经营、社群运营、被窝红利等内容，主要是线上营销的玩法。

第二部分是线下实体店铺的营销玩法，通过一环扣一环的营销策略，带你领略不为人知的营销魅力。

相信这本书，会成为你事业的转折点。

欧巴老师·朱瑶旭

微信：9603574

第四章 吸粉篇——我的一千个天使好友

第五章 被窝红利——好友信任推进的绝招

第六章 社群营销——微时代必须要掌握的秘籍

第七章 实体营销——七大错误传统观念

第八章 营销策略篇——揭秘业务中的声东击西

第九章 营销案例——揭秘案例背后隐藏的神奇战术

第一章

微商破局——人人都可以傲视微江湖

让微商致命的八大死穴

相信大家对"微商"这个词都不陌生，微信营销正式走进大家的生活。很多传统企业也都纷纷转型，结合移动互联网令自己的企业赶上这波趋势，让企业越做越好。

微商起初是通过影响身边的朋友去成交，微商进入的门槛低，只需要在朋友圈发产品信息和招募代理信息，精心经营就可以产生影响或者带来成交。

新事物的出现，微商创业成功的案例越来越多，受到了大众的广泛关注，引来了媒体纷纷报道。一时间，这种新生的行业形态，就像雨后春笋般蔓延开来。

可是，总有一些浮躁的人希望可以一夜暴富。所以没过多久，原本一个很好的商业环境，就出现了"朋友圈刷屏"的现象！又由于每个人的经历、修养、技能都不尽相同，所以用微信做营销操作的方法和得到的结果也不同。

几乎每天都会有很多学员，问我这样的问题：

问题1：我没有代理，客户也不多，囤了很多货，只能眼巴巴地看着，我不知道该怎么办。

问题2：我每天想尽各种办法加好友，可对方总是不通过我的申请，加了好友也不知道该怎样去互动。

问题3：我的产品很好，但结果还是来问的人多，买的人少，我不知道问题出在哪里。

其实，这些问题都是大家不懂营销，没有掌握微信营销的精髓而导致的。很多微商人，正在做着伤人又伤己的事情，将自己变成了"微伤"！

接下来，让我们一同了解什么是让微商致命的八大死穴。

1. 没有自己的"江湖名号"

很多微商人的**名字不真实，不容易记忆。**

我之前新认识了一位朋友，相互加了微信。我的另一位好朋友对她的产品很感兴趣，希望我做个"媒人"，帮忙介绍。

我隐约记得这个新朋友叫王某某，于是我在微信中搜索"王某某"，找不到；再搜索一个"王"字，发现姓王的好友太多了，更加难找！还好我一开始就记下了她的电话号码，于是和她用电话聊起这件事。

在电话中，她说："欧巴老师，我们当天相互加过微信啊。"

我说："对啊，但是我怎么在微信里找不到你，是不是没加上微信？"

她回答："不可能！我天天还在看你的微信朋友圈动态。我的微信名叫作'枣红色太阳'。"

大家看到了吗？我们无法在千万微信好友中记得有个朋友叫"枣红色太阳"。

微信昵称一定要让加我们的人，100%地快速记住。而且，要多频次地出现在对方的脑海里。否则，我们真的会在自己不知道的情况下，失去太多的机会。

2. 总是喜欢在名字前加 A

不难发现，有很多微信好友，或者自己团队中的代理小伙伴，都喜欢在自己的名字前面加 A。因为他们觉得，这样一来，自己的名字就会排在好友微信通讯录的前面。

不可否认，两年前这一招还可以拿出来秀一秀。但是，从今天开始赶紧把 A 去掉吧！

因为，现在大家的微信好友都比较多，如果我们的名字前面加 A，对方一眼就会认定我们有强烈的业务销售企图。这样，会立刻激发好友的抗拒心理，得不偿失。

我给保险公司的小伙伴做线下培训的时候，发现凡是微信名字前加 A 的小伙伴都特别自信，他们觉得自己掌握了一个绝活，毫不费力地就可以让微信好友发现。

但事实是，凡是名字前加 A 的小伙伴，普遍都是团队里业绩最差的。

我告诉他们："你的确让好友发现了你，对方正愁不知道删谁，只好删你了。"

3. 喜欢把电话号码放在微信名中

很多人还喜欢把自己的电话号码放在名字中，同样很容易被认定我们有强烈的业务销售企图。

我常说："关系到位，价格无所谓。"

在微信营销中，很多人都无法见面，这本身就给信任增加了难度。如果一开始，我们就让对方觉得有强烈的企图，不管是建立关系，还是成交都难上加难。

我们思考一下，成功的企业家会把电话号码放在名字里吗？答案一定是"不会"。

为什么？因为，大家都太忙了，忙到根本没时间闲聊，如果把电话号码放出来，就等于在告诉大家："快来打我电话，给我介绍业务！"无形中自降了身份。

4. 随意注册一个微信号，就开始做微商

很多人急于求成，以为随便注册一个微信号就可以开始卖货，就可以赚钱。

在给微商品牌方内训时，我发现一个问题。

很多代理说："我的产品很好，但我只卖给陌生人，不卖给好朋友，怕好朋友说我做微商。我也不跟家里人讲，因为家里人肯定不支持！"

相信这样的事情，在大家身边也经常发生。但大家是否想过，连好朋友和家人都不支持你，那代理商成天喊口号，动不动就说"要赚100万元，要走上人生巅峰"，这话说出去，你自己信吗？

究其原因还是你自己没准备好，就开始做微商了，一开始就

注定了失败。

我在线上有一堂课，叫作《微商新手入门之连环收心秘术》。我教大家精细操作每条朋友圈，从做微商前的朋友圈开始、再到正式做微商的第一条、第二条、第三条……朋友圈给人既落地又走心的感觉。

精心经营朋友圈，从我们开始做微商的那一刻起，就会得到亲朋好友的支持。所以，大家不要随意注册一个微信号就开始做微商。

5. 漫无目的，无节制群发信息
没有真正意义上的广告，只有放错地方的信息。

群发信息发好了，就是顶级武功，就是一个赚钱的金点子。发得不好，我们就沦为好友删除的对象。

有的微商喜欢群发"早安、晚安"信息，但大家的生活节奏都很快，也都很忙。所以，群发"早安、晚安"，偶尔一次可以，但并不是坚持做这件事就会有好的结果，做多了反而会让人感觉这是骚扰。

有的微商喜欢群发心灵鸡汤，其实心灵鸡汤用来刺激自己就好，没必要去群发，因为没有人喜欢被灌输大道理。

有些微商喜欢群发产品广告，相当于"自杀式行为"。因为我们不知道，自己的产品别人是否需要，直接赤裸裸地去推销，相当于告诉别人我们死死盯着对方的钱包，会立刻激发好友的自我保护意识，引发抵触心理。

这三种群发不会给我们的品牌添色彩，也不会给我们个人添光彩，反而自降身段。

6. 浪费时间滥加群、乱换群

很多微商人想方设法地加群，但是在群内添加到的全部都是同行，都是只卖不买的微商。所以乱加群，不如加入优质的社群。

有的微商人说："我听说过一个加好友的绝招，就是和好友换群。"

于是，很多微商心想："对呀，我群多！找好友换群就好，这样好友就不愁了！"但这些老师只告诉你换群，却没教你跟谁换。

如果你找优秀的人换群，换来的全是优质群，还能互相借力，资源整合。

如果你找陌生人换，换到最后可能会换来很多劣质粉丝，后期删粉非常麻烦。

所以，滥加群、乱换群，既花了时间，投入了精力，又没有产生任何价值。

环境造就人，我们需要找到目标客户所在的群体，或者找到拥有共同价值观、共同爱好、能共同进步的集体。

比如，我们在线上建立的万人学府读书会，大家都是因书而结缘，有着共同的爱好，共同的目标，才相聚在一起。

又比如我们在线下活动中，由主办方公布的社群，进群的伙伴都是一些爱学习，愿意付出的人，大家价值观相同，也更加容易产生共鸣。

7. 建了微信群，不管理

几乎人人都拥有自己建立的微信群，我们可以把拓展来的好友，拉到微信群做一对多的互动。

但很多伙伴建好了微信群，却不去管理群。当群中有一个人发了广告，就会引起其他人跟风，这个群就立刻变成了万恶的广告群。同时，也是对群中真正信任我们的人的一种伤害。

有一个"窗破了"的故事：房子的其中一个窗户破了，没人修补，那过不了多久，其他的窗户也会莫名其妙地被人打破。

一面墙，如果出现一些污迹没被清洗，那么很快，墙上会布满更多的污迹，不堪入目。

一个干净的地方，地上一旦有垃圾出现，人们就会毫不犹豫地丢垃圾，并且不会觉得有任何的羞愧。

生活中有很多这样类似的情况，我们的微信群也是一样的道理。

8. 朋友圈无节制地刷屏

微信朋友圈所有的成交，都需要建立在信任的基础上。

朋友圈无节制地胡乱刷屏，就相当于将自己打造成了一部广告机器。这样做只会让粉丝或者好友认为我们与他的关系是买卖关系，会让好友觉得我们成天只盯着他的钱包，只想着赚钱，所以，成交力很弱！

同时，我们也浪费了别人的流量，当对方忍无可忍的时候，只能屏蔽或者拉黑我们。

"前世的五百次回眸，才换来今生的一次相遇。"微商加好友不容易,既然加了,我们更需要用真诚和付出感染对方,珍惜这份相遇。

所以,不要再触碰微商的八大死穴,伤了好友,也伤了自己。

让我们一同建立好自己的个人品牌,做一个让人喜爱的明星微商。

成为自明星的六大绝招

做微商,就要成为好友心目中的明星,因为每个人都希望和榜样在一起。

但大多数的微商只关心产品的销售,很少去关注塑造自己。到最后,这些少数去关注和塑造自己的人,就成了大家口中的微商大咖。

无论你是做微商,还是移动互联网创业,都要成为自己朋友圈中的明星。

那么,我们就从最基础的六大维度,教大家快速成为好友心中的明星!

1. 好形象建立信任感

在当今时代,个人形象和个人品牌真的太重要了。

很多微商依然喜欢用猫猫狗狗、花花草草、山山水水或者抱着孩子的照片作为自己的头像。

我在我的社群做过调查,95%以上的学员看到这样的头像,评论最多的几个关键词分别是：不在意、不信任、不真实和不靠谱。

做微商首先要真实！

所以，我建议大家，要将自己的微信头像，换成自己真实的头像，为自己代言。

以前我还没有个人品牌观念，也没有太注重自己的微信形象，直到我真正关注自己形象的时候，短短1年时间吸引了近30万粉丝，影响了近300万的微商人。

我第一次做线下分享时，穿着很随意。接着我开始注意自己的形象，第一次花300元设计发型，请设计师帮我精选服饰。后来我舍得花几千元去照一套形象照。

形象每一次提升，都能带给我更高级的认同感和"财富"。因为好形象，能够给人专业、可靠、信任的感觉。

我有一个微信好友，通过微信拓展自己的业务。他说自己通过网上找来的业务，往往很难对接，找上门的人，质量很差，所以来找我求助。

我打开他的微信，发现他的头像是一只小狗。他很开心地告诉我，这是他最喜欢的宠物狗狗。于是，我问他："你知道客户和你聊天的时候，看到的第一眼是什么吗？客户感觉自己在和谁聊天呢？"

他说："是狗！"

终于，他明白自己错在了哪里。

在万人学府，所有弟子和院长，以及辅导员的头像，我们都一一做了优化。因为，我们身上肩负着责任。

并且，我们已经创造出很多"草根逆袭"和"微商奇迹"的例子，一直为推动整个微商行业的健康发展献计献策，输送大量优秀的营销人才。

所以，如果院长们的个人形象都不过关，这些成就和奇迹，一定不可能实现。因为无法建立起和微信好友的信任，没有信任，何谈能一同为事业打拼，共进退呢？

就像我们在淘宝买东西时，也会有这样的感觉，宝贝描述越详细，对细节要求越高的产品，越容易抓住客户的眼球。

为什么别人看到我们的微信头像，就想点击？就想添加？因为我们第一眼就抓住了他的眼球，哪怕加之前他认定我们是微商，但我们的头像青春靓丽、自信满满，让他看起来很舒服，很容易让人信任，那么就会让人忍不住想添加，这就是人性的弱点。

我们要做的就是比别人做得更多一点，更细心一点。要求别人很难，但要求自己就简单多了。

有一个好形象，任何人都能够轻松地添加到粉丝。哪怕你还没有多少社会经验的沉淀，但也能通过一些故事，进行个人品牌的塑造，让自己受人信任，甚至像个明星。

我的弟子江玉院长就是一个很好的例子。(微信号：1178935900)

江玉之前是一个囤货3万多元，完全不懂微信营销的小白，一个每天为出货发愁的"宝妈"。之后，经过在万人学府学习，她开始注意自己的形象，不断提升自己的气场。后来成了我的入室弟子，进入了"瑶家班"核心圈层。将个人形象整体翻新后，她在原本的好友圈子中，一夜之间成为了焦点。

大家都来询问江玉的近况，也一路见证着江玉的改变。江玉就将自己的所学所想，无私地分享给微信好友。不断地用真诚、用知识与付出，收获了好友的信任。

她还因此拥有了万千粉丝追随，被好友亲切地称呼为：最走心的实战微商导师，也顺其自然地转化了代理，成了现在的领军人物，在微商道路上实现了自我逆袭与超越。

我经常提道：微商不仅带给我们事业，还带给了我们共进退的"闺蜜"，互相搀扶的"家人"。

"物以类聚，人以群分"，有个好形象，就会立刻带来强烈的"认同感"，才能吸引到优质的粉丝。我们是什么水平的人，就能吸引什么层次的人。

不管我们在生活中有多么优秀，如果不表现出来，伯乐也无法发现。

即使我们现在并没有太多人脉和圈子，但我们依然可以借力，来打造好自己的形象，将自己最有魅力、最善良的一面示人，塑造出自己的个人品牌。

让大家对我们产生信任，从而愿意走进我们的生活，愿意更多地了解我们、认同我们、追随我们。

我们也要清楚地知道，我们和好友的关系，要经过几个阶段的变化：陌生人→好友→闺蜜→知己→粉丝→信徒。当我们做出了一些"大事"的时候，我们圈子中的好友，将会在心里把我们定位成了不起的人。因为我们做到了他们不敢做的事，完成了他们无法完成的事。

所以，这一切的根本要从打造自己的形象开始。

2. 用故事承载自己的理念和梦想

移动互联网创业，一定要学会讲故事，并且用故事承载我们的理念和梦想。

我在社群特训营给学员们上的第一堂课，就是让大家先忘掉自己是卖产品的。先让大家回顾一下自己过去的经历，把其中最励志、最快乐、最感动、最难忘的片段整理出来，为自己打造一篇独一无二的故事。

再通过社群、通过朋友圈、通过更多能够曝光自己的地方，将自己的故事曝光在更多人面前。让更多人通过故事认识你，了解你，走进你，融入你。

故事是最有说服力的，因为故事能够唤起同频人同样的经历。没有谁喜欢听道理，更不喜欢听空洞的产品介绍，人们都不喜欢被推销，这就是人性。

故事是承载我们个性、理念与梦想最好的载体。个人也好、品牌也好，都需要用故事来诠释这一路的心路历程。

毫无察觉地走进微信好友的心房，这就是故事的威力。

我们的故事能够让多少人同频，就会让多少人对我们产生好感，从而喜欢上我们，并下意识地想深入了解我们。

因此，此刻的你，需要回忆和总结自己，是不是平时在和朋友交往中、在和客户交往中，甚至和爱人交往中总喜欢讲道理？甚至总喜欢命令和批评？没有用故事，去承载理念和梦想？

所以,代理越来越没动力,身边亲近的人越来越不听我们的,朋友当着面答应,背后就翻脸,这样的场景有没有觉得很熟悉?

42岁的石榴姐,做了大半年微商,根本赚不到钱,很想放弃。她开始怀疑自己,甚至觉得日子没有激情,总是心烦。

我告诉石榴姐:"**我们来不及认真地年轻,那就选择认真地老去,珍惜当下。**"

之后,石榴姐学会了用故事承载自己的理念和梦想。不管走到哪里,她一张口就讲自己的故事,一张口就讲和我之间的故事,一张口就讲自己和代理之间的故事。

就这样不断地讲,让越来越多的人动容、感动……讲着讲着,讲出了自己拥有一百多人的代理团队,月流水突破百万,实现了自我逆袭。

石榴姐都可以,我们也一定行!

好的故事,一讲出去,可以吸引我们的好友把我们的朋友圈翻遍。会把我们发的信息,浏览很多很多遍,就像我的学员,早已经把我的朋友圈翻遍了一样。

所以做微商,故事是用来塑造自己的,我们需要随时整理自己的故事。

故事包括三类,一类是自己的故事,用来自我塑造;一类是客户的故事,用来间接塑造自己;一类是名人的故事,用来自我激励与激励他人。

比如,很多人问微商小白:"你是干什么的?"微商回答:"我是卖××产品的。"这样一开口,就会引起他人的防范!

每当别人问我是做什么的时候,我会给他看两个故事,其中一个是我在2015年写的一篇文章:《欧巴谈微商:一篇有价值的文章,希望真正可以帮到你!》

那个时候,仅仅用这一篇文章,就让我招收到了近60位总裁班学员。

另外,我还会给好友们看另一个故事《欧巴老师的微商心路历程,只为温暖微商人》。

这篇文章讲述的是我从2014年开始奋斗到现在的经历。看完之后大家都很有感触,不是因为我写得有多好,而是因为我写得足够用心。

其实这篇文章没有任何的写作技巧,就像平实的散文一样,却把故事的经过和我的心境完完整整地写了下来。写了从0开始，万人学府如何一步步地发展到现在这样的规模，写出了我和学员间那些感动、一起拼搏、互相搀扶的过往和美好的回忆。之后又在最合适的时机，让我的微信好友看到。很多朋友看完后，都说想和我交朋友。

就是这么简单的事情，却没有多少人去做。

所以，我们需要静下来，好好回顾自己的过去，找出一些好故事，那些记录着我们的过往、令他人感动，甚至令自己都动容的故事，分享给更多的人。

这些故事能辅助我们收获万千同频的有缘人，然后我们再去成就这些有缘人，建立属于自己的营销帝国。所以"故事"要经常讲，讲多了就会有人听进去，听进你的故事，就会帮助你口口相传！

这里还有一个发朋友圈的小技巧。我们可以把自己各个时期的小故事，变成102字以内的朋友圈，发布出去。

我的弟子赛赛(微信号960067939)从0到团队破千人，他是一名特别愿意为代理付出的领导人，赛赛听完课后，立马行动。

他不断地将自己一路走来的故事，通过朋友圈传递出去，通过讲故事承载自己对微商行业的看法和对行业的认知，也将自己的梦想传递给了更多的代理和粉丝们。

2017年8月22日的凌晨，赛赛在朋友圈开始了新一轮的故事连续剧。当时，我一直在微信的这头，等着赛赛一条一条地把朋友圈发完。赛赛从第一个故事开始，就已经打动了我，我从中感受到了赛赛这一路的不易与真诚，并且在故事中还能收获到有价值的信息。

就像连续剧一样，赛赛的故事让大家特别期待看到下一集。真实、真诚、用心、走心就是最强的磁场，吸引着身边更多同频的人，来到我们的身边。

3. 融入圈子，成为圈子中的明星

我曾经有一个疑惑，我是技术出身的，我的技术水平还可以，但就是不能得到客户的认可。因为客户会认为我太年轻，可能经验不足，又或者客户只在乎价格，这些问题让我感到很头疼。

后来，我意识到出现这种情况的原因很简单。

因为我是一个无名小卒，所以我的价格只能比别人低；因为我是无名小卒，我就只能做低端的客户，不但赚不到钱，还给自己找了一大堆的麻烦事儿；因为我是无名小卒，我去培养新人，哪怕我技术再好，新人也会认为我无法给他们提供实现梦想的平台和机会，所以新人流失率很大。

这一切都因为我不是一个品牌，在他们的心目中没有分量。

我有一个学员陈子涵，她也遇到了这样的问题。她觉得非常的迷茫，就过来跟我倾诉。

我问她："子涵，你的技术水平不错，在全国能排第几？"

她说："欧巴老师，您别开玩笑了！我都没想过，能在全国有排名。"

我又问："那你在全省，排第几呢？"

她说："这个也不好说，强中自有强中手。"

我继续问："那你在南京市，排第几呢？"

这个时候，子涵给了自己一个台阶下。

她说："应该能排到前10吧"，然后她又补充了一句："因为我平时比较宅，我认识的同行也就十多个，所以应该勉强能成为前10。"

我听完后告诉她："**你要想办法，把自己变成第一！** 因为，大家只会把第一当成品牌。你不一定要做全国第一，也不一定要做全省，或者全市的第一，你只需要做你圈子里的第一就可以了。当然，你也大可不必局限在自己同行的圈子里，**你应该去需要你技能的圈子，在那里，因为专业、跨界，你可以马上成为第一。**"

她按照我的方法去做了，果然成了第一，成了圈子中的明星，成了品牌，粉丝自然找上门。

我的弟子素芳姐**(微信号：bhwwsf)** 是一位60后的姐姐。在没有来到万人学府前，"微信"对素芳姐来说只是用来看偶像剧和玩游戏的工具。同时素芳姐觉得自己的年龄是劣势，对知识的消化、理解也比不上年轻人。

通过我的辅导，素芳姐恍然大悟，她跳出了自己原本的圈子，把微信营销、社群营销知识变成了自己的绝活。

我告诉素芳姐："正是因为你的年龄，反而变成了你的优势。只要你把我讲的知识学到位，分享出去，**你就是60后微营销第一人！这就是在跨界做圈子中的第一！**"

于是，素芳姐走到哪都分享自己在社群学到的不为人知的微信营销绝活。大家很佩服素芳姐的营销思维，以及被从未听说过的营销策略所折服，瞬间变成了素芳姐的"粉丝"，并且纷纷要求一定要加上素芳姐的微信。

通过不断地分享，素芳姐影响了更多同频的小伙伴。不到两个月的时间，素芳姐从一个只会用手机看电视剧、玩游戏的阿姨，变成了大家心目中的60后微信营销第一人。

随着圈子不断交错和扩大，素芳姐个人的影响力也在不断提升，很多曾经对她冷眼看待的人，都开始刮目相看。通过对自己个人品牌的塑造，素芳姐让自己与众不同，在圈子中变得更加值得信赖，收获事业的同时也收获到了知己与闺蜜。

她从不敢张口分享，到现在无论是在几百人的线下会销，还是在上千人同步的微信群，她都能一开口就收钱、收人、收心。她也在线下拥有自己的茶庄，同时运作着几个实体项目，结合社群营销让自己年入百万。在你的眼中，你可能看到的是一个普通人的逆袭，但在我的眼中，这样的结果是意料之中。

所以，大家要开始重视跨界，重视自己个人品牌的建立。因为这是吸引客户上门最好的方法。提升自己影响力的同时，也可以筛选最好的客户。

个人品牌，让我们有了非常稳定的生意，发一条朋友圈就可以成交业务，达成合作，帮助我们节省了非常多的管理费用和人工成本。

个人品牌，需要持续维护，时间越久越能提升自己的可信程度，成为圈子中的明星。

4. 在客户大脑中钉入专属标签

我曾在自己的电台里分享过这节内容。

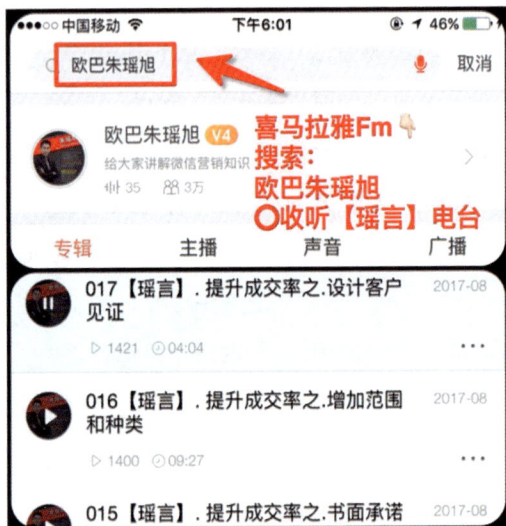

既然要做微信好友心目中的明星，就要和普通人不一样。在成为明星之前，一定要先被人记住。

所以，要从我们的名字开始。

大型综艺节目《笑傲江湖》的总冠军争夺战中最后胜出的节目叫作《百家笑谈》，表演者在节目当中说："每个人出来行走江湖，首先要给自己一个响亮的名号。名字不好，地位不牢！比如，来者何人？西门吹雪！那么你呢？来者牛二，就没人理你了。"

关于个人的标签打造，有三招：

（1）取个难以忘记的微信昵称。

好的微信名字，能够让对方快速记住我们。**起一个人人都能记得，且好传播的网名。**

什么是好的？让人难以忘记的、猎奇的、有个人特色的就是好的。

比如在我们总裁班的微信群中，有一个学员名字是"及时雨宋公明"，QQ空间签名是"膜拜乾隆皇"，这一系列猎奇的标签，一下子就把我吸引住了。

第一时间，就让我记住了他，并且还很想和他交朋友，因为他的标签很神秘，给人的感觉是：这哥们，是一个营销奇才。我每次分享，都会把他当作案例来讲。所以这就是一个好名字，带来的传播效应。

当然，我们也可以使用自己真实的姓名或者笔名。

比如：朱瑶旭是我的真实名字，"欧巴"是我的笔名，起这个笔名的目的是不想要大众化，让人一听到就能快速记住。

"欧巴"，韩语是哥哥的意思，我的微商好友大部分又是女生。所以我所有的学员之前没跟我接触的时候，听到"欧巴"两个字，第一时间想到的是韩国电视剧里的男明星。而现在，只要大家听到"欧巴"两个字，**第一时间想到的一定是我。**

甚至，在生活中，很多人也直接改口叫"欧巴老师"。

名字就是我的标签，名字也可以很有故事。

你也可以起一个朗朗上口，且有利于传播的名字。我的学生王永彬在微信中卖手机,群里的小伙伴众智,帮助他想了一个新的微信名。名字一改,给人的感觉就完全不一样了,迅速抓住了微信好友的注意力。

他的新名字叫作"手机哥,王永彬",很多人冲着这几个字点击他的头像。大家因为好奇加他为好友,看他的朋友圈,也因此让他的生意火爆起来。他每个月通过微信,可以销售几十部手机,已经超越了线下实体店的销量。

有一位学员是卖手表的,之前的微信名叫作"腕表"。我帮他修改了微信名,非常容易记,叫作"表哥"。

第一,"表哥"是一个热度事件。

第二,1993年贺岁片《东成西就》里,张学友出演的洪七公,以及王祖贤出演的黄药师的妹妹素秋,他们之间的称呼就是表哥与表妹,情意绵绵,深深地印在我们的脑海里。

第三,"表哥"这个微信名非常得人心,当他在微信群中@所有人,显示的昵称都是表哥,他看到群里的女生,都叫表妹,这样的称呼就拉近了微信好友之间的距离,并且名字与他卖手表这件事也相互呼应。

所以,大家要从名字标签上,想一想如何做到个性化,能够让别人第一次看到我们,就印象深刻。

(2)打造与职业相关的副标签。

除了叫响名号之外,还需要一个副标签。特别是在移动互联网营销中,副标签非常重要。

比如,万人学府的院长和我的嫡传弟子们:

大弟子蔡彬泉:全网引流专家,一对一成交专家;

二弟子叶江玉：微商一对一辅导落地第一人；

六弟子素芳姐：60后微信营销第一人；

十三弟子时玉荣：企业微营销转型教练；

二十一弟子彦彦院长：爆粉魔方创始人；

二十四弟子王爷(王云)：黑科技引流裂变缔造者。

还有很多院长和弟子们，我就不一一列举了。一旦我们有了一个跟职业相关的副标签后，我们的影响力会大大提升，也会让好友更加明确我们的定位，从而更好地了解我们。

（3）打造一眼就能记住的外在标签。

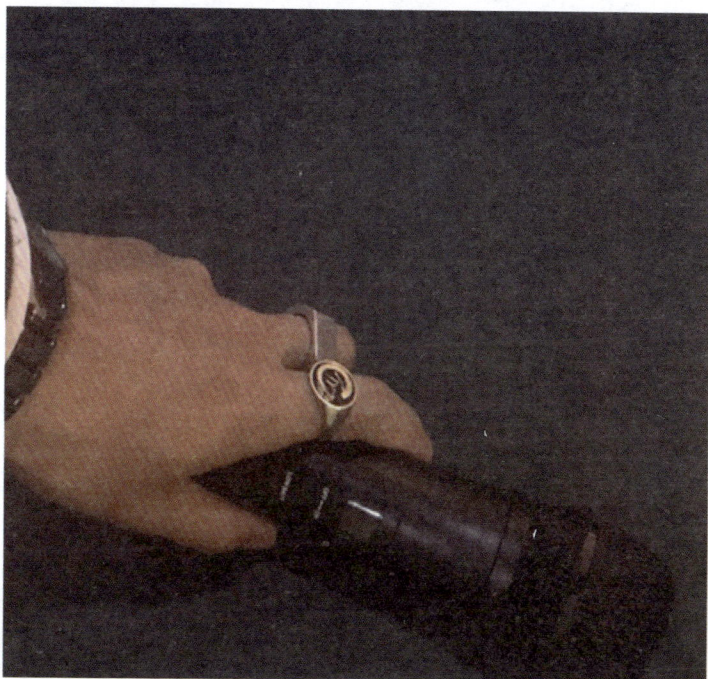

我有几个随身携带的好物件。

平时，我都会戴着两枚戒指。其中一枚戒指是定制的，带有万人学府logo的戒指。另外，手戴一串佛珠，一块手表，走到哪里我的辨识度都很高。有时候我在分享会中，有朋友看到就过来说："你是欧巴老师吧？我看过你的照片，你的戒指和佛珠，我印象很深。"

我的总裁班学员晓彤，她的业绩不高，自己被淹没在众多的微商当中。听完我讲的外在标签后，马上做了改变。90后的小妹妹头上戴了一个有耳朵的帽子，走到哪里都会有人和她开玩笑，都会摸一摸她的帽子耳朵。

她告诉我："欧巴老师，自从我换了这个外在标签，大家都记住我了，我的业绩也提升了很多。"

所以，打造自己的标签，可以帮助我们占据用户的大脑，让用户对我们印象深刻。

我总结出打造标签的两个最简单的实战方法是：

①别人都没有，就我有，我就能被人记住。

②别人都不敢喊，就我敢喊，我就与众不同。

无论别人对我们的标签有什么异议，哪怕被人非议、被人骂，至少被人记住了。

我们做任何事情，总会有人认可、有人不认可，所以这些根本不重要。认可我们的人，会非常乐意帮我们传播；不认可我们的人，会在背后说我们不好，其实换个角度来看也是一种传播。

关键就在于我们是否已经把自己的标签植入了好友的大脑。等我们不断把优势放大，我们就不再普通。

5. 用绝活傲视江湖

无论是做销售还是做营销,都像在一个大的江湖。

我们行走江湖,一定要有绝活。很多人认为绝活需要花3年到5年的时间去学习、去练习,这样的想法太落伍! 其实绝活不需要多大、多深厚的功底,任何一个领域的小技巧,都可以称为绝活。

我对绝活的理解只有8个字,那就是:**我知道的,你不知道。**

有人说:"不对! 我知道的,别人也知道。"

那么,我再送你6个字:**"总有人不知道。"**

还有人可能会说:"欧巴老师,我身边厉害的人太多了,真的没人不知道。"

那么,我再送你一句话:**"别人都知道,但就我坚持做了,那就是我的绝活! "**

很多人知道在社群中做分享很方便,但做了几次,发现没赚到钱就停下来了,因为都觉得没效果就不做了。他们从来就不去想如何优化话术、优化流程,随随便便就放弃。

世界上太少人能吃苦,太多人想走捷径、想一夜暴富。

所以,我们踏实、坚持、努力的人,最终获得了成功。

坚持做一件事，就是一种绝活。

我刚刚开始在社群里讲课的时候，根本没人听。但每讲一次，我就多积累一次实战经验，每讲一次就优化一次话术、优化流程。

2014年年底，我一共分享了45场课程，连续多天，在不同的社群，不停歇地分享，才慢慢让我掌握了人的心理，讲着讲着，讲出了25,000名付费学员，讲出了一个"欧巴老师"！

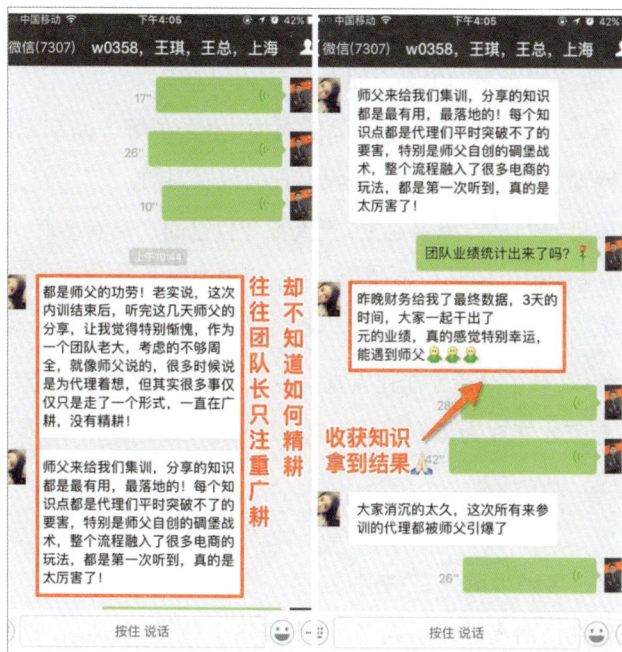

所以，千万不要小瞧自己！把别人称赞我们的事，都好好回忆一下，我们会发现原来我们有很多绝活。也有很多学员在寻求干货，其实干货，就是一个小妙招、一句话。

就像在给微商品牌方内训过程中，我分享了"一秒定位朋友圈"的方法，仅仅需要几秒钟的时间，就可以快速定位：任意时间好友朋友圈的内容，再结合电商的一些小技巧，让代理们听完就用，用完就产生价值，整个团队仅用3天时间，就回款了。

知道这个绝活后就立刻去行动，唯有"做"，才能将价值发挥到最大。绝活有时也不需要高大上，一开口、一出手就能帮到人，帮到人之后自然被人记住。

大家可以一开始先学习一些小技巧，再慢慢深入了解行业和产品，逐步成为一个真正的专家。

如果我们是做美容类产品的微商，不去了解产品知识就在朋友圈说服微信好友来买，是没有任何说服力的。

如果我们是传统企业主，天天都夸自己的产品有多好、有多妙，却无法提供额外价值给他人，无法用绝活去征服他人，别人也是不会找我们下单的。

所以，有了绝活才能让人觉得专业，只有专业才能成为专家，只有专家才能成为赢家！**顾客永远只相信专家，专家代表权威和被信任。**

6. 多做少数人在做的事

现在微商人的诟病太多，朋友圈除了鸡汤、负能量，就是晒产品、晒收入。我经常听到不做微商的人说："打开朋友圈全是广告，见到微商就想拉黑。"

一些传统企业家的朋友圈同样也是问题重重，不是大量的无效链接、赤裸裸地刷产品广告，就是朋友圈什么信息都没有，完全没意识到微信是一座价值千万的金矿。

大家很多时候都在做着无效的事情。我们要明白：**不走寻常路，才会有出路。做少数人做的事，才更容易成功！**

比如生活中很多人晒包、晒车、晒房，却从没有人晒努力。

我翻看过一些微商好友的朋友圈，有很多人从头到尾没有发过一条有关自己生活的内容。但往往好友加上我们的第一个动作，就是去看我们的朋友圈。

如果别人看到朋友圈全是广告，就很难激发人们占便宜的心理。如果我们的朋友圈里面都是与好友无关的内容，好友可能会立刻把我们删除、拉黑。

所以，我们首先要让好友通过朋友圈知道我们是一个真实的人。让大家知道在我们的体内，藏着一个有趣的灵魂，持续抓住好友的注意力。所以，大胆去秀出自己，要做就做明星微商！

同时，人性中本身就存在着大量的漏洞，如果你有机会在我的课程中听过我的分享之后，你就会明白："你"就是人们的解药，你只需要持续激发人性中缺失的部分，你就会构建出自己的一片天地！

分享就是最好的销售！就像现在我的弟子们、院长们，学会了批发式销售，每次分享完成，都会聚集大量的粉丝，形成成交。

另外，我也要告诫微商人：如果你宁愿花费大量的金钱去囤货，却不愿意花很少的钱投资自己的大脑，先学习怎么卖货，那么我真的建议你还不如不做微商，把做微商这些时间留出来，多陪陪家人不是更有意义？

所以，我们一定要持续投资自己的大脑，不断通过学习提升自己。**脑袋不改变，口袋就不会变**。只要我们愿意去行动，狠狠执行，做好自己，一切美好都会随之而来。

第二章

个人营销——迅速打造个人品牌的十三条秘术

营销人必学的个人形象打造

在这个竞争激烈、日新月异、群雄争锋的移动互联网时代，谁还能隐姓埋名闷声发大财？微商江湖这么大，如果我们不出名，怎么可能有我们的一片天下？

当然，这里所说的"名"不是虚名，而是建立在脚踏实地、取得业绩与成就基础上的形象工程建设，也叫个人品牌建立。

大部分的人，都喜欢向名人买单。

想要成为微商明星，就要懂得包装自己，以名取胜，努力打造个人形象。

所以，不管是微商，还是想转型微商渠道的企业主，在开启移动互联网创业的第一步，应该是"定位"。通过我们的头像、昵称、个性签名、封面相册(背景墙)、发布朋友圈时的地域位置，以及聊天背景等，先将自己的形象塑造出来，这样微信好友才可能在第一时间快速且深刻地记住我们。

个人品牌与个人形象的打造，就是在建立我们的可信度、影响力与权威性。当我们在同行业中已经积累了一定的业绩,并且正在谋取更快、更稳、更强的发展时,那我们就更有必要在圈子当中出名、占位了。

1. 一个让人舒心的头像

微信头像是一个人的门面,人们加微信之后的第一件事情就是打开这个人的头像。所以,我们的头像能否让别人看起来感觉舒服,很大程度决定了对方是否会继续跟我们聊天。

客户只有喜欢我们这个人,才有可能喜欢我们的产品。因此,从基本要素开始,一步步重新打造我们的个人魅力、我们的朋友圈,让我们成为一个别人关注并且喜欢的人。

有位学员,头像是拿着产品拍照的照片,生怕别人不知道她是微商。

我们换位思考一下。

如果你加入一个社群,看到我的头像是举着某个面膜的自拍照,昵称是××面膜总代理,朋友圈全部都是产品刷屏的信息,请问你会主动来加我吗?

我想答案一定是否定的。

很多微商人明明知道自己都不会加这样的好友,但是他却要向全世界宣布,他是个卖货郎。

所以,我建议大家:**头像避免有商业信息,同时最好不要用景色,不要用网红,不要用动物**。要真实,尽可能地有亲和力,尽量使用自己的自拍照。

正面案例:

反面案例:

好的头像能让人产生亲切感、信任感,好头像也是我们增加粉丝的基础条件。甚至当我们在微信群中讲话的时候,别人也会更加乐意主动地去加我们。

我这里有一个小技巧——换位思考,我们平时进群会加怎样的头像,就换成相同风格的头像。

另外,头像最好根据我们自己的发展而定。

已经拥有自己的团队、自己的品牌、个人有足够影响力的时候,我们可以考虑选择带有个人品牌logo的图片作为头像,这样显得更专业,比如像下图这样的。

怎么样?带上了logo,是不是明显感觉专业很多?

所以,赶快行动起来,设计一个符合我们个人特点与气质,能体现专业、有身份感的头像吧!当然,我们也可以联系女神院长(微信: joannabbstyle),帮助我们做一个个人形象的整体评估。

2. 一个吸睛的微信昵称

"名字"是一个人的象征,也是父母对孩子的期许与憧憬。

名字虽然不能直接决定人的命运,但不可否认的是,一个好的名字可以给一个人加很多分,它对我们的人生起着潜移默化的作用。

对我们营销人来说,一个吸引眼球的好名字(微信昵称),会让我们在移动互联网中快速在好友脑海中留下深刻的印象。

微信昵称一定要简单!尽量不要超过5个字,一般2~3个字最合适。如果是5个或5个字以上,那昵称前后的字可以是形容词,目的是为了凸显主词。

以我的微信昵称为例:

2个字"欧巴";

3个字"朱欧巴";

4个字"你好欧巴";

5个字"欧巴朱瑶旭";

7个字"欧巴老师朱瑶旭";

再长一点就是"欧巴朱瑶旭·万人学府院长"。

微信昵称一定要简单好记,要凸显出自己的名字,不要太复杂,不要用奇怪的符号、英文字母以及繁体字。

之前,我有个学员的微信昵称叫:"用心做好药"。

别人想找她聊天时就问:"那个'用心做好药',你在吗?"

这样的名字无形中增加了建立信任感的难度。同样道理,当学员们私信我的时候都会问:"欧巴老师,你在吗?"

所以,名字一定要容易记忆,要容易产生互动和亲和力。想一想，好友第一次来找你的时候，该叫你什么？

另外，虽然繁体字、英文看起来很有个性，但是不便于记忆。最好的还是简体的汉字，为什么？

比如：微信好友想找我们，但是朋友圈人太多了，他想不起我们的微信昵称是什么，当他去通讯录里面一个个地翻看查找的时候，会特别浪费时间。

所以，哪怕对方事先没有对我们进行备注和标签，只要我们的名字好记，对方只需在"搜索"中直接输入昵称，就能快速找到我们。

作为微商，最基本的原则就是不要给别人添麻烦，别人都找不到你，还怎么买东西？所以不要用繁体字或者英文作为我们的微信昵称。

3. 一个引人联想的个性签名

个性签名在朋友圈占据显要的位置，别人加我们的时候，除了看朋友圈，就是通过个性签名来了解我们是一个什么样的人。做营销一定要懂得换位思考，凡事都要站在别人的角度上思考问题。我们需要思考的是，如果我们自己不做微商，看到这样的个性签名，会有什么样的感觉呢？

所以，如果我们在没有头衔的情况下，最好不要犯傻地去写"××总代，面向全国招代理"类似这样的个性签名。因为推销的痕迹过重，容易使对方有防范心理，不想再过多关注我们。

分享几个反面的案例，是我之前的学生写的个性签名。

反面案例:

"不闲扯,要买东西再找我!"

"不买我东西的,不要跟我说话,我很忙!"

"除了买东西,其他时间不要跟我搭讪!"

以上这三条个性签名,你看得舒服吗?

微商,也是一个小商人。记住,客户有钱上哪里买都行,这种个性签名会把客户吓跑! 所以有时候不要太把自己当回事,自信是好,盲目自信就是深渊。

我提供四种标注个性签名的方法,供大家参考。

(1)行业身份。

我之前的个性签名是"万人学府院长,西部电子商务培训中心主任,喜马拉雅(电台)大V",列举的就是自己行业的身份,让人一目了然,并产生信任感。

如果你是团队长、品牌方,或者是公司老总,可以在个性签名里写上相关文字。这样人家一看我们公司做得很大,做得很好,就会愿意找我们沟通或者请教,这是人的正常心理。

(2)专业认同感。

我的嫡传十九弟子董宇(微信: d890824)个性签名是"365行,造就365个经典",他专为实体企业及微商人打造微商形象,被誉为"微商形象打造第一人"。

又比如,31期总裁班学员魏文俊,他专业是摄影,个性签名就写:"用镜头捕捉生活的智慧,借缤纷色彩丰富你的人生",体现的就是在摄影领域的独特性,也能够引发好友的好奇心。

(3)价值吸引。

价值吸引目的是激发人性当中"占便宜"的心理。

比如,我的嫡传弟子大师兄老蔡(微信: qq1432839208)擅长全网引流以及黑科技裂变吸粉,老蔡之前在个性签名中是这样写的:"加我即送35套黑科技引流课件",凡是看到老蔡个性签名的好友,无一例外全部被圈粉。

所以,个性签名也可以变为筛选与过滤好友的工具。同频的人在一起才能创造更大的价值,不是吗?

(4)名人名言、励志警句。

当然你还可以引用名人名言、励志警句作为自己的个性签名。

比如微商品牌方小凤老师(微信: lyy1628)的个性签名是:"你若盛开,蝴蝶自来;助人达己,成就梦想!"

小布丁爆粉达人(微信: lyy1628)的个性签名是:"努力把细节做到极致,你就能成功"

嫡传弟子时玉荣(微信: SL520558)的个性签名是:"拼一个春夏秋冬! 赢一个无悔人生!"给人满满的正能量和积极进取的人生态度,彰显领袖风范。

4. 一个清晰震撼的背景墙

朋友圈的背景墙指的是:我们微信朋友圈顶部的封面相册。

这是微信给我们提供的又一个表现自我的地方,弃之可惜,用之光荣。

朋友圈的背景墙,首先要求图片和图中文案相辅相成。背景墙可以融入我们自己的个人介绍，让好友清晰了解我们的职业以及我们能为他提供的价值，甚至给予对方权威感、震撼感。

照片墙也可以植入唯美正能量的图片，但千万不要把支付宝账号、银行卡号制作到照片墙上。当好友进入我们的朋友圈，最先看到的就是背景墙。如果上面显示的是各种支付宝号、银行卡卡号，只会给好友留下一个很功利的印象。

另外，要特别注意的是：背景墙中写着某宝ID的，会有被永久封号的风险。大家要注意细节，不要因为这些问题被封号了，得不偿失。

5. 一个常常被忽略的广告位

我们发布微信朋友圈的时候,常常忽略一个免费的广告位,就是我们的"地理位置"。发圈时显示的地理位置,不仅可以展示我们现在所在的地方,还可以任意创建并植入一个所需要发布的广告信息。

我建议如果我们在平日的生活中旅游观光或者参加线下活动的时候,不妨根据系统的提示,显示你真实的地理位置。这样微信好友能够看到你真实的动态,从而更加信任你。

如果没有外出,或者需要给自己植入软性广告,可以创建一个适合的地理位置标签,创建方法如下:

在发朋友圈时先不着急发布。第一,点击"所在位置";第二,点击"搜索附近位置";第三,创建一个植入了我们广告信息

的"位置名称"。之后我们就可以看到,所在位置的区域就被我们替换成了广告信息,这时再发布朋友圈即可。

6. 一个持续影响好友的图片

营销有四个段位:

一、对产品上心;

二、对推广上心;

三、对消费者上心;

四、对人性上心。

我一直都强调,做微商不是做销售员,而是要成为一个懂得人性的营销人。

如何研究人性?这时候我们需要一张可以持续影响好友潜意识的"催眠图片",就是我们微信聊天的背景图。

我常常跟弟子们讲:"谁能在短时间内在别人的生命中频繁出现3~5次,就能使对方一辈子记住谁!"利用人性当中的这一点,将广告软性地植入到我们聊天背景图当中,这样截图到朋友圈中就可以在不知不觉中持续增加客户对我们的印象。

聊天背景图的具体设置方法如下:点击设置中"通用",选择"聊天背景"按钮,之后就可以选择背景图进行聊天背景的更换。

通过以上六个角度,我们就可以迅速地打造出优质的微信

个人形象，就可以让我们以一个最好的形象展示在微信好友面前，从而吸引微信好友的注意力。

让朋友圈有灵魂的七条黄金法则

现阶段，很多微商人都遇到了一些问题，比如：招不到代理、流水下滑、发的产品无人咨询、创意匮乏，已经不知道应该在朋友圈更新什么了，花钱买了推广，但总是达不到理想效果。

我想告诉大家："导致这些问题产生的原因只有一个，那就是你只想着卖产品，却从来没想过卖自己，让自己不断有影响力！要想让别人羡慕，首先就要能够先吸引别人。"

我常常跟弟子们说："我们很多学员本身做的产品，不是国际大品牌。那客户为什么还要购买你的产品？而不是去购买那些已经有知名度的品牌呢？甚至在某宝网站上，同样质量的产品、价格卖得比你低，为什么又非得来到微信上跟你购买呢？"

其实，我们做微商不只是在销售某个产品，在销售产品前，我们还要销售我们自己！

我们要通过朋友圈，表现出我们高品质、有情调的生活、让别人喜欢我们，从而向往我们的生活。

又或者我们表现出积极正能量的心态感染到了他人，当别人喜欢我们的时候，自然而然就认可我们的产品了。与其说客户选择你卖的产品，不如说选择的是你这个人。

更新好朋友圈，是微商人必须要掌握的基本技能之一，也是个人品牌建立中的一个非常重要的环节。我们要把朋友圈打造成为一本有灵魂的书籍，让人总是想翻着看看。

现在很多做微商的伙伴们，朋友圈更新的都是乱七八糟的广告，人家又怎么会愿意了解我们呢？

如何让你的朋友圈成为一本有灵魂的书籍呢？

1. 我们的朋友圈要为他人提供价值

有的朋友问："为什么非要更新朋友圈呢？"

大家是否认识到，我们的客户或者代理，基本都是曾经跟我们沟通过的人。因为如果一个人和我们没有任何沟通交流，我们的朋友圈也没有任何生活信息，对方就会担心害怕，万一付款之后，不发货怎么办？这都是普通人会考虑到的问题。

如果没有基本的沟通交流，朋友圈还不断刷屏，客户就很难下决心在我们这里购买上百元的产品，更不会拿几万元的货做代理。所以，如果我们每天只是发广告，不给好友提供"价值"，对方很快就会选择拉黑我们。

那么，我们要如何为他人提供价值呢？

其实，提供价值的方式有很多种，我给举几个例子：

这张截图是一个关于地推的课程。这条地推的朋友圈，能够给很多微商人提供价值。因为截

图中的文字，都是地推中最关键的知识点。

我通过连续发布几条朋友圈，以"连续剧"的方式将地推课程的内容完整地呈现在了微信好友面前，直接教会微信好友如何去做地推。之后，我在评论下面引导："想学习系统的微信营销课程的小伙伴，来咨询欧巴老师，暗号：我要学习！"

这样的朋友圈和文案，让我招到了很多学生。

先为别人提供价值，当对方有了收获，他会感受到原来我们可以帮到他，我们就是那个可以带他走出困境的老师，所以对方才愿意来付费学习。

用少量的金钱换取高价值的知识和经验，这就是输出价值的方式。

右图这个文案，也让我成功招到了学生。大家可能会觉得，这完全与招生没关系。真相是怎么样的呢？

现实生活中，很多女生都喜欢抱怨男朋友。这则文案，其实就是我站在双方的立场上，公正地讲了一段话。这个时候，很多女生看到后会自我反省，觉得我这段话说得挺对的，然后一定还想看我其他的朋友圈。

当她翻看我其他的朋友圈的时候，就会发现，原来我是做微商教育的老师，是做微信营销培训的老师，而且这么专业、这么

厉害，还那么有亲和力。然后她会好奇，她就想多了解我到底是一个怎样的老师。

如果她想做微商或者她现在做微商遇到问题，她就会来找我咨询，这就是一种无形的转化。

所以，做到让对方忍不住翻看你朋友圈的时候，你就已经成功了一半。

类似这种情况还有很多。

有些微信好友看到我很晚还在发朋友圈，就来私信我："欧巴老师，很晚了，你怎么还没休息呢？"

我回复："欧巴老师还在回复付费学员的私信。"

首先，我是真的在辅导学员。其次，我告诉她这件事情，会让她觉得我真负责，很为学员付出。然后，当她要做微商，或者她身边的人想做微商的时候，她就会把好朋友推荐给我。

所以，**我们不一定非要通过广告去成交**，成交是有很多种方式的。

有句话是这么说的："你和什么人在一起，你就能成为什么样的人。"你身边的人层次高，你也差不到哪里去。

我之前在北京进修，回程的路上发了条朋友圈，内容是我和老师的合影以及我进修的感悟。当时我去进修，上课的老师很有名气，微博粉丝大概有400多万，他和我之间也有很多共同好友，很多人都知道他。

所以，当我把这条朋友圈发出来后，就引起了围观，立马吸引到很多原本关系陌生的微信好友来主动找我聊天。

这一招叫作借势，也是输出价值成交的方式。

同时我还在评论里写了这样一句话:"老师给我推荐了书单,想要书单的小伙伴点个赞,我晚一点私信告诉你书单!"一个简单的动作,就吸引了很多人来点赞。当时,我只有4个微信号,当天就有300多人问我要书单。

聪明的小伙伴会问:"欧巴老师,你这样做,好浪费时间和精力。为什么不在评论里面直接把书名写出来呢?"

直接写出书名,是很傻的。如果我直接在评论里写出书名,**我就浪费了一次跟300位好友沟通交流的机会**。不写,反而激发了人们的好奇心,因此形成了有效的沟通。

所以,我私发书名之后,当天就有20多位朋友说要听我的课,成为我的学生。我发现,我和这些朋友一沟通,他们就告诉我:"欧巴老师,其实我默默关注你很久了!你的社群我很感兴趣,想请问怎么报名呢?"

所以,谁说成交就一定要发广告?**不发广告,照样可以成交。**

很多微商人走进了一个误区,认为自己只需要发发朋友圈就可以招到大量的代理;只需要发发朋友圈就可以持续不断地出货,就可以赚到钱。有这种想法的,赶紧停止吧!**因为微信营销,无互动不成交。**

像上文我介绍书单的案例,不写书名不但激发了微信好友的好奇心,还可以与微信好友形成有效沟通,让自己在对方心目中再一次加深印象。以后,他是不是就会多留意我的朋友圈呢?所以,现在我每条朋友圈,至少都有100~200个好友点赞。因为我已经培养出大家看我朋友圈的习惯。

我的每条朋友圈,看起来不像广告,但实际都是广告。

有微信好友私信我说："欧巴老师，我看你的朋友圈让我学到很多东西，也有很多感悟，如果我当了你的学生，那岂不是更厉害！"我的回复通常是："那你还不到碗里来？"就这样幽默、风趣一些，加深好友对我的好印象。

价值的输出各种各样，方式千变万化。

时刻记住：一旦我们能让对方喜欢，他们就会丧失拒绝我们的能力。

如图所示，这本书是我的母亲推荐给我的书，书名是《遇见心想事成的自己》。我觉得这本书写得很好，张德芬老师很擅长讲故事。

书中的大部分理念普通人都清楚，但不能像她那么关注内在，并将这些理念组成一套体系。

书中总结三点就是：

（1）你必须清楚地知道自己到底想要什么。

（2）清除大脑中一直占据你想要的旧信念，重新设定目标。

（3）等待接受，学习放下。

简言之就是准备做、开始做、做好。

这本书给了我很多感触，是一本好书。我有了感触，分享到朋友圈，同频的人自然有共鸣。有了共鸣，就有了互动，也就有

了信任和喜欢。

这么多案例,大家要学会举一反三,重要的是学会思路。

此外,每个人都需要鼓励,这是人性。

微商里很多宝妈,对宝妈来说要怎样才能输出价值呢?

其实很简单,我们可以换位思考,宝妈最擅长的是什么? 肯定是带宝宝。

那么,宝妈们就可以结合自己带小孩子的经验,再上网搜索一些育儿知识,是不是就可以开课讲一节育儿心经?

假如我们是宝妈,我们的朋友圈应该也有很多宝妈,我们就可以为其他的宝妈输出价值。比如,教宝妈如何与婆婆愉快相处、宝妈如何协调生活与工作、宝妈的育儿宝典等等。

讲完课之后,我们就跟其他的宝妈有了一定的黏度,可以很快成为朋友,然后就有机会转化了。

有些宝妈会说:"我每天在家没事干,想出去找个工作,但又放心不下孩子,现在没什么收入来源。"这个时候,我们是不是就可以介绍自己的项目吸引对方加入?

比如,我们可以用这样的话术:"亲爱的,其实我之前和你一样。我也是过来人了,所以我特别理解你现在的心情。我当初想买条裙子,买个包包,都要问孩子他爸要钱。后来,我做了微商,起初只是为了补贴家用,买一些自己喜欢的东西,没想到后来能赚这么多钱,还收获了这么多闺蜜!"

我举例的这个话术,大家甚至可以直接复制使用。首先认同并理解对方的心情,迅速地跟对方建立了信任感。同时告诉对方，我们可以帮到她，我们就是她的解药。

这个策略称之为：先感同身受，再转化。

2. 有互动才有成交

我们还要注意，发出的朋友圈是否有互动话题。互动话题是为了活跃朋友圈，让自己和其他的微信好友产生联系。

试想一下，倘若我们要在微信上购买产品，是否优先考虑在曾经与我们有过互动的微商那里购买？

如果没有任何的互动和交流，你可能会犹豫，迟迟不能做购买的决定，那么什么样的话题是互动话题呢？

我给大家举一些例子。

一句话证明你们那里有多热。——

前辈说过哪些话，曾让你茅塞顿开？——

没有喜欢的人，是怎样一种体验？——

哪句电影台词，曾击中了你的泪点？——

这些都是互动的话题。有些朋友

可能会说："欧巴老师，我可没你这么有才，我想不出这些互动的

话题。"我想告诉大家的是：不为失败找理由，只为成功找方法。

上面这些互动文案，也不是我自己写的，我们只需要**上网搜索**，里面有很多互动的话题，大家直接就可以拿来用。

另外，点赞评论也一样，别人给我们评论点赞，同时我们也要经常给那些给我们评论点赞的人回评回赞。给别人多评论点赞，就是我们增加别人了解我们的机会。当然，前提是你的朋友圈要更新好。

如果是一堆无意义的刷屏，别人点击进去，也会退出来，不会有再进来看的欲望。

所以，发好朋友圈不简单，朋友圈要有灵魂。

3. 朋友圈要有正能量

正能量是一种积极乐观、健康向上的动力和情感，价值不容小觑。

很多微商人总喜欢在朋友圈抱怨工作辛苦、孩子难带、赚钱难。我之前为了升级课程体系，经常工作到凌晨两、三点，但我从不抱怨，而是以一种积极的心态去做事情。怀着感恩之心把感悟写出来，用积极的正能量去感染学员们，感染自己的微信好友。

这里给大家模拟一个聊天的场景，你一定会有很多启发。

很多微信好友看到很晚了，我还在更新朋友圈，他们会问："欧巴老师，有时看你睡得很晚，你累吗？"我说："赚钱哪有不累的？更别说是微商教育与培训工作了，哪个行业都是一样。"通过这样的方式，既让朋友看到我对工作的热忱，感受到了正能量，同时又从侧面得出了我的职业是什么。

另外，还有很多学员说："我经常看欧巴老师的朋友圈，其实我对微商也有兴趣，只是我不太喜欢刷屏，我能做一个像你一样的微商吗？"

我回答："当然可以！你可以先把我的朋友圈近一个月的更新看完，写下你的感受。"然后，他就认真地去看我的朋友圈了。我的朋友圈里面有很多积极的、正能量的内容，他看到后会很受启发，更愿意与我交流，分享他的感受。对我的东西认同后，他就成了我的代理。

4. 朋友圈是否有主题性

拿我自己举例，我擅长营销策划，以及教育培训。所以，我的朋友圈有很多学员听课的学习截图；有很多我给学生诊断后，解决了对方问题的反馈截图；也有很多我在培训时的一些照片，以及一些有价值的知识输出。这些东西聚集起来，就是我朋友圈的主题。

每个人都有自己的优点，我们只要把优点放大，把我们擅长的东西展示出来就可以了。

上面提到的"价值"，跟主题也有关系。比如，我们擅长婆媳关系，我们就可以在朋友圈发一点婆媳相处之道。还可以每天发一条相关朋友圈，一周开两节课，很快别人就知道我们擅长这个了。

当然，不同的人擅长的东西也不同，我们要给自己先做好定位，然后放大优点。

相同主旨的东西集合起来叫主题。

我的朋友圈，文案更新前面都会有一个**"小标题"**。例如，之前发的一条朋友圈反馈，文案内容是：她用一条帖子，吸引了1000个意向代理！标题是：代理的那些事儿。

我们的朋友圈，更新速度快，信息多，当我们去刷朋友圈的时候，很多信息根本来不及看。**所以，文案要吸引眼球，让我们的朋友圈脱颖而出！**

如何让好友在最短的时间里知道我们想表达的意思，让对方知道他看完我们的更新之后，他能得到什么？

其实，无论是朋友圈、公众号还是贴吧文章，都应该让别人明白我们文案的主旨。

比如我们现在看娱乐八卦头条，都是某某出轨，某某绝食，某某恋情曝光，这样的标题能吸引我们点击进去看。要是标题不吸引人，我们写再多的文字，也没有人看。

朋友圈的标题就是整段发圈文案意思的概括。有了主题，人们迅速明白我们文案的主旨，更容易吸引人的眼球。

我还会再写："欧巴×××""欧巴老师×××""瑶言×××"之类的标题。

为什么要这样写？因为，我就是要时刻提醒别人，我是朱瑶旭，我是"欧巴老师"。

5. 客户见证是最好的信任背书

成年人经历的事情多了，戒备心会比较重。他们往往不相信听见的，只愿意相信他们自己看见的。这时候，客户见证就显得至关重要,它可以帮我们做信任背书,向对方证明你所说的都是事实。

朋友圈的见证非常重要!你平日里发圈,是否有产品的使用反馈?代理补货反馈?团队培训的聊天记录?如果你不发出你的产品使用反馈,你的好友就不知道你的产品到底好不好。产品反馈是用来增强好友购买的信心。比如我们在淘宝、天猫电商平台购买产品,如果一个评价都没有,我们就会犹豫,可能就会去其他有评价的店铺购买产品。所以,如果你不发出代理补货的反馈,那就无法刺激意向代理下决心跟着你做!

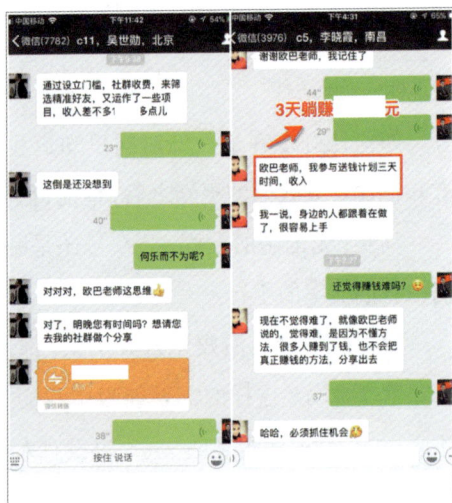

如果我们是的微商,那我们的朋友圈应该有所售产品的使用反馈、代理补货反馈,以及团队培训的聊天记录等等。

也有很多学员学到了精髓,不仅仅在朋友圈发布产品的信息,还在朋友圈自发地做见证。比如"我今天用了某某朋友的产品,效果非常好,推荐大家使用。""我今天跟欧巴老师学习,让我对营销有了全新的认识。"等等。

我遇到有人在朋友圈发布感恩我的话题，我就会把截图发到自己的朋友圈去。对方可能只有200位微信好友，他推荐我的时候，微信上仅仅只有200人会看到，而我却在自己上万微信好友中

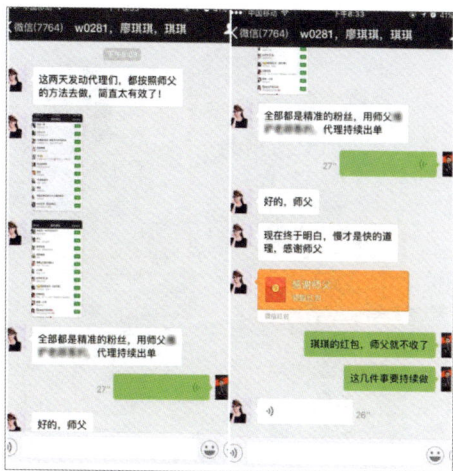

反推了她，让她的回报高了很多倍。

6. 美观的配图更显品位

再动人的文案，都不如一张让人赏心悦目、有说服力的图片来得直接。很多微商人在发圈的时候，往往会忽略这一点。事实上，大多数人都是先被图片吸引，然后再看文字的。因此，我们要把微信好友的注意力吸引过来，图片营销就变得尤为重要。

有些朋友很好奇，我平常发圈的配图都是从哪儿来的？其实这些都是女神院长的功劳，给大家看一些案例：

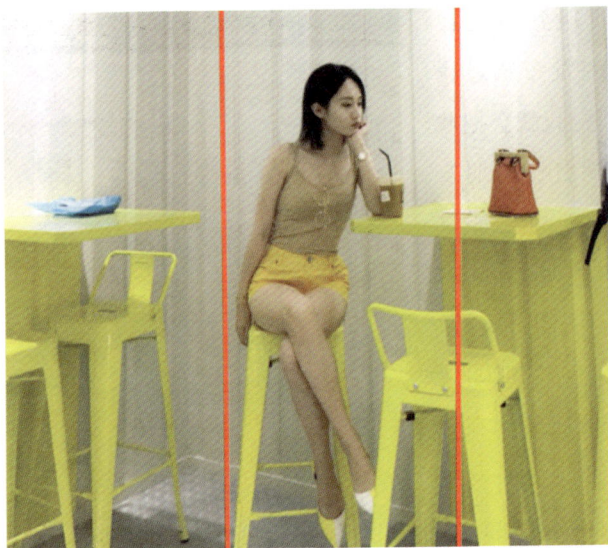

视觉聚焦到某个点！
主体或人物！

在社群开设的美图课程中,女神院长从光线、拍摄角度、精修图片(景物修图,人脸修图)、成像效果,到录制相关手机ps视

频教程，手把手教会大家用手机拍出高大上的大片。(女神院长微信：joannabbstyle)

同时，我也推荐大家去下载这两款APP：优美图和黄油相机，里面有很多现成的素材，大家可以直接下载使用，提升朋友圈发圈配图的美观度。

7. 朋友圈整体视觉效果排版

微信好友加我们的时候，第一时间会去翻看我们的朋友圈，了解我们是做什么的，生活状态是什么样的。

所以，我们每条朋友圈的配图，都要精心挑选出来，朋友圈整体视觉效果的排版要让人看着舒服。

大家可以仔细看下我的朋友圈整体排版。

每张反馈图都夹在两张不同图片的中间，这样是为了增强微信好友眼球的视觉冲击。同时要注意的是，有些好友之前可能不关注我们，但可能会因为某一张图片引起了对方的关注，他就有可能会仔细翻看我们的朋友圈。

如果我们的朋友圈一片广告，完全没有排版可言的话，视觉上会觉得很混乱，看的人也会觉得很疲惫。

这就是为什么大家都喜欢看我的朋友圈，因为我的朋友圈有美图，有排版，还有可以激发人们"好奇心"的文案。输出价值的同时，整体的视觉效果也让别人觉得舒服。

　　我们来看上面这张截图，学员聊天反馈图永远在2张彩色图片之间，朋友圈整体排版的格式遵循：静态配图-反馈配图-静态配图-人物配图-反馈配图-静态配图。

　　我朋友圈的图片，都是不断插播的。或者全部都是规划好的，在朋友圈中展示了我生活的多面性；展示了我的学生们在社群的蜕变与收获,可骄、可傲、可成熟的方方面面。

所以,我们都要学会把朋友圈打造得像书籍一样,有灵魂,并非图有虚表,要让别人看了还想看,让人不断地想要细细品读下去。

第三章

粉丝营销篇——与微友亲密无间的强关系法则

微信就是一座金矿

移动互联网时代是以人为中心，是去中心化、碎片化、群居化的时代。

什么叫以人为中心？也就是我们所有项目起初的出发点都要围绕吸粉、围绕拓展我们的人际关系进行。

现在，我们更需要的是打造个人品牌，同时依靠平台与团队协作产生吸引力，从而吸引更多的伙伴加入我们。我经常说："官大不如粉丝量大；钱多不如忠诚的微信好友数量多。"

所以，在移动互联网时代，我们拥有更多亲密无间的微信好友，比我们现阶段拥有很多的钱更加重要。

我们都知道，微信官方自从限制个人号的微信好友人数之后，1个账号的微信好友最多只能加5041个好友。如果我们能够把这5041个微信好友的价值发挥到最大，我们就能获得更大的价值。我们的个人微信账号，就是一座价值千万的金矿！

其实无论是淘宝天猫、京东商城，还是微商，从某种程度上来看，我们也不是在卖产品，而是在卖"个人"。结合我们多元化的知识体系，最终将产品销售出去。

我们拥有发自内心的利他、分享精神，因此在产品销售出去的同时，我们又交到了真心朋友。

粉丝营销之"好友管理系统"

吸粉系统、好友管理系统、转化成交系统是社群的三大核心系统。

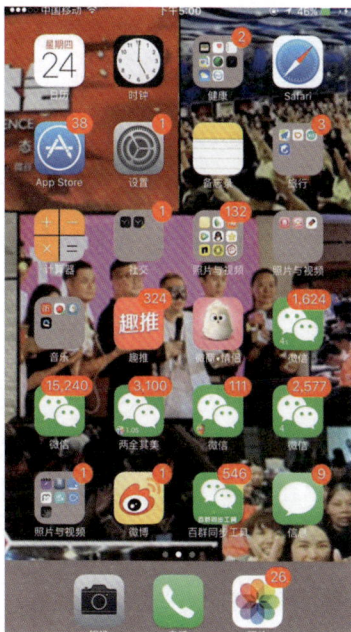

很多移动互联网创业者，特别是微商人，因为不懂好友管理，客户流失严重，根本就没有业绩可言。

首先，我要问大家两个问题：

问题1：在成交时，你要针对哪些人进行营销？你知道哪些人是意向客户群体吗？

问题2：在清理好友的时候，你知道哪些好友可以删掉？哪些好友要继续留存培养吗？

虽然我目前已经有了11个微信个人号，4万多名微信好友，但都是付费学员。哪些是精准好友，哪些是无效好友，我甚至可以准确地说出来。接下来，我就把这样一套行之有效的好友管理系统教给大家，也让你实现精准的微信好友管理！

社群的学员以及我电台的粉丝都知道，我每次的群发营销，成交比例都非常高。为什么效果这么好？那是因为我个人微信号的好友总数4万多人，近80%的人都跟我有过沟通了解，产生过链接。

所以，我跟大家分享的第一个成功管理好友、和好友产生链接的方法就是在私下进行大量走心的私聊。

我刚刚创建社群的时候，每天给自己定下的任务是每天必须要私聊50个微信好友，不聊完就不去睡觉。跟我互动过的小伙伴，我都会非常耐心，发自内心地去关心对方，同时也去分享生活中的点点滴滴。

其实我是在试错，如果自己不去经历和体验，就无法把最有效、最实战的方法教给学生。另外，我认为在现在这样快节奏的生活当中，工具越智能、越便捷，就越会让人们感觉到孤独。

所以在和学员、粉丝沟通的过程中，我感觉非常愉悦。在茫茫人海中能够相遇，真的是一件特别幸福的事情。并且，如果我们自己都没有尽力，还哪里有资格去批评下属和代理。

粉丝营销之昵称管理法

做生意、做微商最可悲的是什么？

最可悲的就是做了几个月，我们都不知道顾客在哪里，他们又是谁。所以，当我们具备强大的执行力时，接下来我们要做的就是精准营销。

我经常和学员说："没有真正意义上的广告，只有放错地方的信息！"我不会随随便便地群发，但只要群发就必定有效果。每次删除好友，都是几百个批量删除，从不误删。

为什么会有这么好的效果？因为每加一个好友，我都会第一时间修改对方的微信昵称，在昵称前面加上特定的字母，便于区分好友的身份与来路。

我一般会用"字母 + 编号"的方式管理每一个好友，就像生产批号一样。大家也要养成习惯，每次加一个新的微信好友，一定要花一点点时间将好友备注好。不然今后你会因为没有备注，反而浪费大量的时间。

微信群发最多只能发200人，而且苹果手机不支持标签群发，所以我们用昵称来搞定。昵称备注的字母标签又分为两种，一种是"特殊字母"，一种是"普通字母"。

比如：W、G、A、B、K、VIP这些都是我用来做备注的特殊字母。"B"代表报名我线下的学员，"W"代表线上付费学员，"VIP"代表总裁班学员。

001表示本月还没有互动过的好友；002表示互动过，还没有成交的好友；003表示互动过，还给我发过红包的好友。所有加上来的好友，我一定会在一周内互动，两周内一定会做成交。大家看，这样备注之后是不是就会很清晰？

通过昵称备注，一看就知道哪些好友和我们有过互动，互动过之后是否已经成交，同样一目了然。这样我们就非常清晰地知道：

哪些好友，是我们的精准客户。

哪些好友，是我们的铁杆粉丝。

哪些好友，是我们需要"定期"清理的人。

当通过不断积累，将5000名好友都筛选出来的时候，我们的微信就是一座价值千万的金矿！

所以，不是所有的移动互联网创业者都能够获得财富！只有愿意学习、愿意付出、持之以恒，并且用对方法的人，才能获得财富。

微信昵称备注的方法也很简单。点开好友的头像，点击标签按钮，就可以在好友的昵称前面加上自己需要备注的信息了。我们可以备注，好友是哪个地区的？哪个城市的？哪个群来的？

通过备注，对好友进行有效管理。当我要举办本地聚会或者线下活动的时候，我就只会通知这些跟我互动过的人，或者只会通知本地的人来参加活动。这样才真正实现了微信好友精准化的管理。

把最合适的信息推送给最合适的人，这就叫"价值匹配"！对象发对了，那就是吸引人的金点子；对象发错了，那就是没有营养的骚扰广告。

粉丝营销之标签管理法

第二种方式，就是标签管理法。

标签管理法指的是给我们的微信好友设置一个专属标签，更有助于我们区分好友的身份与好友的来路，从而将好友进行有效的分组。迅速识别微信好友后，也为下一步的建群、拉好友入群做好准备。

比如，我的社群总裁班的小伙伴想组织一个小型聚会。通过标签分完组之后，我们就可以非常清楚地知道哪个好友是在我们的社群加上并认识的。当我们需要建一个新的微信群的时候，也可以通过标签来搜索拉人，快速将精准好友拉进对应的社群中。

如何进行标签分组呢？

点击我们的好友头像，然后找到"标签"按钮，即可给好友设置专属的标签。当我们刚加上一个微信好友时，就可以设置标签了。

比如，社群的小伙伴们，在课程不断推进的过程中，会因为分享交流经验而相互添加好友。那么当我们加上好友的时候，第一个动作就是我们要为对方添加一个备注和标签，避免下次聊天或者见面的时候不能对号入座。

在设置标签的时候，还可以把对方的名字、谁介绍的、从哪个群过来的、他的联系电话，一并备注到好友的个人信息里面。

　　同样,在大家平时聊天的过程当中我们要备注好潜在顾客、代理商、意向代理商、合作伙伴以及工作上的同事的喜好、生日等信息,达到精准营销的同时,让对方感受到我们的真心。

　　我虽然有这么多的好友,但几乎每一位伙伴在我微信通讯录中的轨迹我都有记录,包括地域等信息都会在昵称以及标签上显示出来。这两张截图表示当好友和我们的感情逐步深入,或者关系发生变化的时候,昵称和标签也要及时更新。

　　精准营销就是我们对好友的情况了如指掌,我们会知道哪些是意向客户?他跟我们的关系是怎样的?他有没有付过费给我们?他给我们付了多少费用?当我们清楚地知道了对方的昵称和标签时,我们就可以针对性地和对方聊天,或者给对方提出对应的建议。

我的成交率为什么会高？这就是背后的原因。同时，我要提醒大家的是付费表示认同，付费的多与少，表示信任程度的高低！付费的一定比免费的价值高。这句话适用于任何的社群、任何的行业。

好友管理可以直接提升我们的收入、提升我们的业绩，包括我们和代理的亲密度。比如，哪些是我们的一级代理？哪些是我们的二级代理？哪些是买过我们产品的客户？哪些是我们的意向客户？

当我们将大家的昵称和标签都备注好、分好类后，我们就可以轻易地辨识出精准好友，之后再进行针对性的沟通和后续的营销，大大提升工作效率，事半功倍。

粉丝营销之一键备注标签

有个很强大的微信自带功能，但大多数人都不知道。我们可以用这个功能将我们添加过并且在同一微信群的所有好友，只用几秒钟就批量设置好标签。也可以用这个方法辨认我们的微信好友跟我们共同在哪些社群。

在微信中点击：通讯录—标签—新建标签—添加成员—从群里导入—选择群—输入标签—确定，只需7个步骤，即可一次性批量给好友设置标签。

如果我们想在线下组织一个活动，只想让社群46期总裁班学员看到，我们就可以通过这种方式把我们的同学先进行分组。当我们建立新群时，一步就到位了，我们再也不需要一个个地去查看群内好友，一个个地进行标签，省去了大量的时间。

粉丝营销之星标管理好友

除了昵称管理法和标签管理法这两种方式之外，我们还可以用星标好友的方法对好友进行分类，操作也很简单。

点击好友头像右上角的"3个小黑点"，之后点击设为"星标好友"按钮，即可操作成功，如图所示：

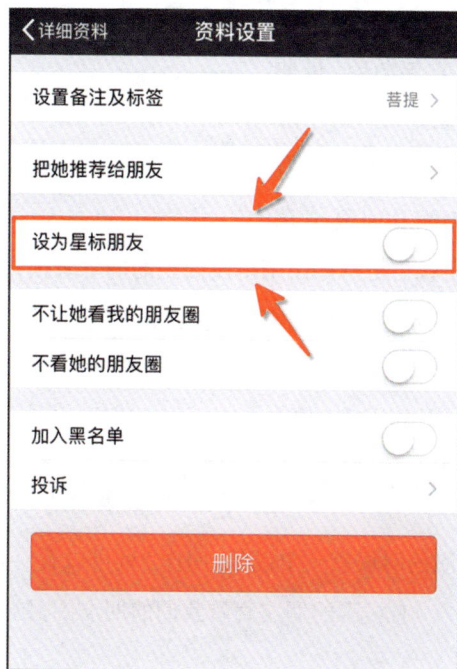

粉丝营销之置顶好友和社群

重要的"人"和重要的"群"，第一时间置顶。

置顶的方式略有不同，我们必须要在对方微信聊天的对话框上进行。点击对方头像的右上角进入，有一个"置顶聊天"的按钮，点击后就可以将对方置顶了。比如像我们的群管理萌萌，每期课程开班就会有很多同学加她，很多人跟萌萌聊天。有时萌萌是来不及回复信息的，所以萌萌就会把这些没来得及回复的同学置顶，之后再一个个回复，就可以避免被其他的消息淹没掉。

粉丝营销之部分好友可见

发朋友圈的时候有一个选项，叫作"谁可以看"，可以设置只让部分的好友、有权限的朋友查看我们的朋友圈，这也是通过标签分组来实现的。

比如，我的付费粉丝。随着课程不断地更新，我们会给大家终身复训的资格和微商系统的培训，还会带着大家去实战成交以及共享学院资源。因此，他们看到的很多我朋友圈的信息，是其他的普通微信好友看不到的。

这相当于我给了他们一个特权。因为大家选择相信我们，那我们更会加倍地为这些小伙伴们付出，去回馈这份感动，让大家收获超值的回报。

重点提示：不付费，学不会。学会用付费的方式，去筛选更为精准的好友。

粉丝营销之索要对方简短介绍

当新好友加上我们的时候，我们可以向对方索要他简短的自我介绍。对方自我介绍完了，我们就把介绍的信息复制到备注的描述里。如果对方在聊天窗口中发来了电话号码，我们也只需在对话中点一下这个号码，直接添加入微信的备注中，并且还可以一键拨号。

同时，我们还可以将我们和对方的合影，或者对方的名片，通过备注标签里的"添加名片或者相片"按钮，添加进微信描述里。比如我经常在线下给企业和微商团队做内训以及讲座，当大家跟我合完影之后，我就让对方把照片发给我。之后我就将照片添加进入描述，这样我就不会忘记对方了，如图所示：

通过以上几种方式，我们就相当于建立了属于自己的好友微数据库，将微信好友详细的信息都收集了起来。我们常常说："知己知彼，百战不殆。"如果我们不了解自己的顾客，不了解对方的信息、对方的背景、对方的基本情况，那我们怎么去实现精准营销呢？

比如，我们现在想要招一个代理。在对方跟我们聊天过程当中，她透露自己家里面经济情况很不错，有自己的企业，也有比较好的资源。那么我们心里就有数了，这个人可以尝试发展成为产品的高级别代理。

因为她可以驾驭自己的资源，并且也很适合她的现状。反之，如果我们跟她推最低级别的代理，对方可能根本就看不上。而且在跟我们聊天的过程中，对方也会觉得我们的格局不够，当然就不愿意跟着我们做了。

如果跟对方聊天后，知道对方是一个才出来工作的大学生，家里情况也不是很好，那我们推荐给对方高级别代理的难度就会增大。就算他借钱做了高级别代理，如果我们作为老大无法让对方出货，那么我们是在帮他，还是在害他？

同样的道理，实体企业主、直销人、保险人都一样。一定要充分了解客户，从而针对每个客户制定不同的策略，才可以事半功倍，并且真正地帮到人。

所以，**这下大家知道建立客户的详细信息档案有多重要了吧。**每当我们跟对方交流的时候，因为有对方的档案资料，我们就能够找到更多共同的话题，也更能够走进对方的内心。

在生活中，我也会收到很多学员发给我的感谢信。每次收到信我都觉得非常感动，感谢能和大家一起成长，与大家在一起互帮互助，每时每刻都让人幸福。甚至，我有时还会收到学员精心做的饼干。

所以，在平时的生活中，我都会很用心地去记住每一个人。也正因为有大家的陪伴，才让我更加努力，为大家持续输出最有价值、最实战的方法，奉献出最好的课程。

另外，每个人都希望被别人记住。上一段提到，在生活中我会很用心地去记住每一个人，但有的时候我确实难以记住每个人的职业，具体在哪个城市。有了档案，我就能解决这些问题。

所以，当一些同学来找我询问问题的时候，我就会说："你在××城市、现在还在做××生意吗？"对方就非常感激地说："欧巴老师这么细致，这些都记得？"

其实这些都是因为我把对方的信息提前备注到对方的昵称和详细描述里，及时给我补充了思维的断点。

我还要告诉大家，最能打动对方的不一定是产品，而是我们所学的知识和利他的心。

无互动不成交，互动了才能产生信任，信任才能产生点击，点击才能产生购买！

如果我们和客户从来没有互动过，第一次见面就想去让他跟我们产生成交，这样的可能性是不大的，也是不容易达成的，反而只会引来反感，他会觉得我们的目的性太强，一来就想赚钱。

互动后才能得知对方的信息，才能让别人觉得我们对他很上心。

营销是一个帮助人们实现梦想的过程，但营销收获的不只是一点点产品的利润，而是一个风雨与共的知己。

第四章

吸粉篇——我的一千个天使好友

线上拓展好友的七种方法

不管你从事什么行业，做什么生意，用什么工具，都需要解决一件事情，就是客户流量的问题。特别对微商人来说，新粉丝的获取至关重要。

如果好友数量太少，我们的信息覆盖面就不大，不利于口碑的传播；当好友足够多以后，我们的内容才更容易被扩散，转发的次数才能足够多，才能吸引更多的好友主动帮我们做转介绍。

所以，我们前期需要尽快地让自己的微信好友数量达到临界点。那么这个临界点到底是多少呢？凭着多年的营销经验，我认为是1000人。

我从来没有刷过粉丝，也没有用过加粉软件导入粉丝，而是一步步稳稳地走过来。我最初的1000位天使好友让我明白，吸引来的粉丝价值才是最高的。

以下是我分享给大家的几种线上、线下的吸粉策略。任何一种方法，只要坚持去做，都能带来大量的精准好友，同时可以帮助我们节约时间，动动手指就能够增加好友数量。

1. 老朋友：被忽略的财产

很多微商人总想着快速吸粉，盲目相信网上流传的各种加粉技巧。有些微商甚至去花钱买软件增加粉丝，得到的却都是僵尸粉。实际上，我们的老朋友就是最精准的好友，他们可以帮助我们以最快的速度，扩充好友数量。所以，何不先把我们的老朋友重视起来？

在微信还没出现的时候，我们都习惯用QQ。在QQ中，我们可能已经有了几百甚至上千位好友，而且很多QQ好友跟我们关系的熟悉程度远远大于微信好友。所以，我们可以在QQ中和好友进行互动，这样会让我们的好友在前期有一定量的突破。

QQ互动主要有三大场所：一对一私聊、QQ群互动以及QQ空间发布动态，在QQ群当中一对多的互动尤为关键。我一直告诉自己，做一个让人喜欢的人，做一些让其他人喜欢的事，这样建立信任感的速度是最快的。

特别是在一个QQ群内的老朋友，大家都有共同的兴趣爱好，或者互相之间都很熟悉，那么我们就可以在群中多聊天，多互动，多提升自己的曝光率，让更多的老朋友看到。同时，我们要在群中多提供自己的价值，去帮助他人，建立他人对自己的信赖感。

当群内的好友又重新熟悉起来的时候，就可以互换微信了。甚至，你还可以准备一个小礼物，比如红包，告诉他们加微信后可以获得这个小惊喜。

有的老朋友可能还在观望，看到有其他人截图真的有小惊喜的时候，大家占便宜的心理就发挥作用了，这样就轻松地将QQ群内的粉丝引流进自己的微信当中。

2. 微信群：主动加粉

微信群加好友，看似最笨的方法，却很有效。

因为微信群里全部都是真实的好友，不是僵尸粉。而且，大家同在一个微信群，一起学习、一起交流实战的经验，信任度很高，通过好友的概率可以达到90%以上。所以，越是黏性强的社群，越要学会主动出击。

以下是我整理的一些微信群加粉的话术参考，大家可以根据自己的个人情况进行调整：

"Hello，我是 ××。"

"你好，我是 ××，向你学习。"

"原来你也在群里呀，我是 ××。"

"我在群里收过你的红包……"

"朋友推荐，特来向您请教一二。"

"你在做 ×× 产品吗？我是 ××。"

直接添加群内好友的时候，留言以上话术，会让人觉得舒服，同时又让他们对我们产生好奇。又因为在同一个群里，就会很容易通过我们的好友请求。

大家还往往会出现一个误区，就是平时只要看到添加我们好友的人，如果他的头像是产品，我们可以很快判断出对方是一个微商人。但很多人都不喜欢添加微商人，其实这个想法大错特错!

我想告诉你的是：**必须通过，全部通过！**

为什么？因为在微信上有购买习惯的人，大部分都是微商人。她们很大机会成为我们的客户，我们的代理，因为微商有钱、任性。所以，大家不仅要通过他们，还要经常跟他们聊聊天，唠唠家常，和他们成为知心朋友，让他们成为我们的代理。

我个人就特别喜欢微商人，因为微商人和微商人之间惺惺相惜，有莫名的信任感，成交起来很痛快。反观一些不懂微商的人，因为没有过做微商的体验，会出现许多问题。

他们经常会问："欧巴老师，你拉黑我怎么办？万一不给我讲课怎么办？万一我听了学不会怎么办？"一大堆的问题需要我们去解决他的信任危机。

我们带一个微商人去卖货，他可能几天就上手了；我们带一个新人，他上手的时间可能需要两个月，甚至更久。如果新人不持续学习、不去提升自己的思维与眼界、没有自己解决问题的能力、什么都不懂，那么我们花费的精力和时间也会非常多。

时间是我们最大的成本，所以微商人并没有我们想象中那么讨人厌。

尤其是厂家，如果厂家手上掌握了1000个忠诚的微商人，还愁货卖不出去吗？精明的商家现在到处收集微商人的资料，因为微商人可以帮助他们赚钱。

我们以后也有机会成为大微商，成为大团队的团队长，因此现在最需要做的就是积累，为将来做好铺垫。**不要拒绝任何一个微商人，日后他们都有可能会成为我们的代理！**

在我的社群中,大家都可以相互添加,因为我做的是一个开放的社群,目的就是希望大家能够多交流、多沟通。但不要强行怂恿群友做你的代理,买卖要自由,不能诱导,强买强卖是一件十分缺德的行为。

我们每个月都会有实战活动,学员间还能统一协作,在实战中把理论知识落地,变成本领,学会成交。

如果我们足够勤奋,之后又学会了快速和微信好友建立信任的方法,学会了朋友圈互推策略。用不了多久,就可以轻松加满5000位好友。

有了量变,就会有质变,我们就可以利用更多的策略,结合人性与营销大招,塑造出我们的影响力,从而达成成交目的。

3. 和粉丝交换微信群

交换微信群,是一个容易操作并且很有效的方法。比如,我们有500个微信群,每个微信群有200人,那我们就有10万人的粉丝资源。我有9个微信号,光是微信群就有2000多个,我的粉丝资源也很庞大。

微信营销做的是粉丝经济、是圈子经济。当我们有了10万人的粉丝资源,可以做很多意想不到的事。

交换微信群最简单的方法就是跟身边10个好朋友直接要求换微信群，理由是想多认识些朋友，打开眼界。一般情况下，朋友都会愿意。我们用5个微信群，换朋友5个高质量微信群。10个朋友，那我们就有50个微信群，1个群100人，就是5000人。以此类推。

做营销、做销售、做微商，一定要敢于要求。不试，我们就不知道究竟能不能成功。哪怕我们要求10个朋友换群，其中有8个人拒绝了我们，那也还有2个人同意。积少成多，积土成山。这样一点点地累积起来，很快就会获得很多好友。

换群话术参考：

群内的好朋友们，大家好！我是×××，大家也可以叫我××，我自己有3年的职场管理经验。平时我最大的爱好，就是喜欢参加课程学习，提升自己，广交朋友。我手上有8个高质量的同学群，我想跟群内的朋友换下群，进入更多圈子学习、打开眼界！想换的朋友请私信我，只需要3位朋友就好，因为我也不想换太多群，太多群会照顾不过来，谢谢大家。

这些话术，不仅可以起到"刷脸"的作用，还可以让大家认识我们，提升我们的影响力。来私信和我们换群的好友，就是精准好友，要好好维护。之后，当微信群交换好之后，我们就可以按照步骤，逐个添加好友。

4. 喜马拉雅等电台音频吸粉

我做了一个有声电台栏目，定期录制个人的经历与感悟，不断地在电台中给大家做分享，给听众朋友们提供价值。与此同时，我会在电台节目的尾声，给自己的微信端口引流。

比如：这里是瑶言第39期，希望能够帮助到你，欧巴老师微信××，我们下一期同一时间再见！

目前电台已经累积了3万多名铁杆听众，几十万人次的收听量，有很多微信好友感觉不错，也会帮我转发。陌生人也可以通过我在电台当中留下的信息，加上我的微信号与QQ号。

当然，我现在很多好友与付费学员，也都是通过电台找到我的微信号而结识的。

我不喜欢同质化的竞争，当很多微商朋友，还在广告横飞的微信群中添加好友时，我就转战喜马拉雅FM，以及线下沙龙当中吸引粉丝了。

除此之外，我们还可以在抖音、荔枝FM等平台吸粉。

5. 寻找大号，转嫁粉丝

在我的营销人脉圈子当中，有很多高手。大家都用最简单最极致的方法，在移动互联网上淘金。我们有一个特殊的小圈子，圈子当中的朋友都拥有几万、几十万粉丝的微信公众号,也有一些流量几百上千万的QQ空间。

他们通过编辑极致的内容,吸引大量好友进行自主转发,他们也相互帮助分享转发、互换好友。

同时,他们的做法是精准定位平台粉丝,比如甲是水果批发商,他手中有一批物廉价美的水果精货,乙是吃货公众号大V,甲联系乙一起做活动,推广公众号和产品。乙做自媒体,手上有不少吃货群。做活动的时候拉甲进群,进一步宣传甲,以及转化粉丝。

6. 朋友圈吸粉互推策略

市面上有非常多的营销方法帮助我们去吸粉,获取新的客户。但作为一个新手,有时候我们可能只需要把一招用到极致即可。这招神奇的吸粉策略就是朋友圈互推策略。

有的小伙伴问:"欧巴老师,我没有听错吧?朋友圈互推,我早就知道了,你不用说了,这有什么神奇的?"

你知道朋友圈互推,但你真的搞清楚了这背后的秘诀吗?你用以前的方法去互推一个5000人的朋友圈,可能最多只能加

50人，用我的模型可以直接飙升至500人，甚至更多。

到底如何做到的呢？方法其实并不难。

将五个人性秘诀，植入到一条文案当中，再配合两张图片，就可以轻松实现这个效果，如下图：

这段文案，你看出玄机了吗？我可以毫不客气地说，如果我不向你解释这条文案中的内在逻辑，你可能永远不明白互推的真谛是什么？那么，在我具体解密之前，我举几个例子，让你更好地理解。

（1）欧巴老师（朱瑶旭），微营销实战派教父。

今天给你推荐一位好朋友，也是我的老师：欧巴老师。他是前京东商城地方馆运营总监，西部电子商务培训中心主任。之后专注研究移动互联网，从草根到微商大咖，年利润破千万。推荐他不是因为他多么会赚钱，而是因为他创造出了30多套可复制的微信营销赚钱模型，彻底颠覆了我对营销的认知。这两天他朋友圈会公布几套模型，建议你加欧巴老师学习一下！（微信号：9603574）

（2）刘泽，跨界营销奇才。

今天我一定要给你推荐一位好朋友"刘泽"，他可以称得上是跨界营销奇才。他曾经是一名驻场歌手，拥有"情歌小王子"般的嗓音。推荐他不是因为他歌唱得有多好，而是因为他通过跨界思维在一年内帮助近20家企业，通过营销策划为企业创造了近千万的营收。他的朋友圈也时常更新自己对营销的独特见解以及运营模型。相信可以帮助你，我建议你立刻加他微信学习一下！（微信号：LqZ0701）

（3）陈群姐，实体微商转型第一推手。

今天我一定要推荐我的一位好姐姐，被誉为"实体微商转型第一推手"的陈群姐，也是巴食餐厅创始人，她拥有百万社群资源。推荐她不是因为她的巴食餐厅做得有多好，而是因为她有多年的实体销售经验，并从2016年接触微商开始，专注研究线上、线下的资源整合，把多年的销售经验运用到实体店转型中，从而帮助传统实体店业绩倍增。毫不夸张地说，如果你需要打通微商与实体的渠道对接，认识陈群姐是你最佳的入口，没有之一，加她微信备注：欧巴老师（方可通过）（微信号：272786933）

（4）苏伟，宝妈创富系统创始人。

今天推荐我的一位好朋友苏伟，两个孩子的妈妈。她从2016年开淘宝店年销售额100万，之后加入社群，一年时间身价翻好几倍。推荐她不是因为她淘宝做得有多好，而是因为她踏入微商，带领3000名宝妈通过微信创收，是集电商、微商能力于一体的女子。光在她的朋友圈就可以学习到很多干货，我建议你扫一扫加她为好友，相信会对你有巨大启发！（微信号：13731207907）

（5）胡荣兰，微商地推第一人。

今天要隆重介绍我的一位好姐姐，也是我的好朋友"小兰姐"。她是定位领域的高手，但推荐她不是因为她的定位理论有多厉害，而是因为她原创出了15套地推模型，帮助许多微商团队掌握"不为人知"的地推秘籍，让代理商们轻松实现地推。被大家亲切地誉为：微商地推第一人！今日加上小兰姐，可以免费获取《实战地推秘术》听课权限，建议你加小兰姐微信，互相认识以及学习！（微信号：HRL697297）

（6）彦彦，爆粉魔方创始人。

今天给大家推荐一位我的好妹妹，爆粉魔方创始人"彦彦"。彦彦是一名90后姑娘，待人亲切、热情，也是万人学府核心导师。但推荐她不是因为她的亲切热情，而是因为她拥有让人咋舌的爆粉绝技，曾用3天时间，从0爆粉9000人，直接加爆两个微信号。并通过策划万群蝶变计划，一周时间准备，带动4万微商人同时爆粉。如果你不懂吸粉，认识彦彦是你最佳的入口，没有之一。建议你加上彦彦微信学习一下！（微信号：lyy1628）

（7）李小凤，战神奇迹团队创始人。

今天欧巴老师一定要向你推荐一位我的嫡传弟子，也是战神奇迹团队创始人小凤院长。小凤院长本身在线下就有多家实体生意，每年利润破百万。但推荐她不是因为小凤院长的生意做得有多好，而是因为她还是一位"脑图达人"！自己通过两年时间，总结了300多套涵盖各行业的营销"思维脑图"！同时，小凤院长的朋友圈会不定时免费分享超高价值的课程以及"思维脑图"。如果你也想在短时间内成为脑图达人，成为拥有着满满干货的自明星，建议你加上小凤院长微信学习一下！（微信号：ffyy442381367）

通过以上7个例子，你看出玄机了吗？

此刻，你大脑当中一定有一种感觉，那就是：文案里蕴含着规律。它们看起来就像一个模型刻出来的一样，对吗？

没错，这就是模型的威力！当一个营销策略可以用模型来解读的时候，就可以批量复制，甚至都不需要靠悟性，只需要套用就可以得到结果。

模型解密如下：

（1）转嫁信任。

什么是互推？其实，互推就是资源互换，互相介绍信任的朋友给对方。如果我们在加人时没有表明推荐人与被推荐人的关系，那么别人很有可能以为这是广告。所以，转介绍时说的话非常重要。比如：

今天要隆重介绍我的一位好姐姐，也是我的好朋友"小兰姐"；

今天给大家推荐一位我的好妹妹，爆粉魔方创始人"彦彦"；

今天我一定要推荐我的一位好姐，被誉为"实体微商转型第一推手"的美芳姐；

如果这些文案是我发朋友圈的内容，你又是我的粉丝。那你一定会觉得这三个人很有身份，因为他们都是我的好朋友。这样就将我的影响力和信任，转嫁到了他们三人身上。

虽然他们与你素未谋面，但是突然间好像他们也可信了起来，这就是转嫁信任！当然，转嫁信任的原理用得最多的还是传统品牌营销广告。

比如：顶固衣柜在很多地方投放了广告，他们请的代言人是大明星。当我们看到顶固这个品牌的时候，我们的潜意识会自动认为，这是大品牌，十分可信。

可信来源于哪里呢？

其实，就来源于明星的影响力和信任的转嫁。这些东西附着到了这个产品的身上，会让我们认为这也是个很有影响力、很值得信任的品牌。

但如果我们把大明星去掉，我们就不知道该如何去认知这个产品了。

总而言之，互推文案的第一步，就是要快速把推荐人在粉丝心目中的信任和影响力，转嫁到自己的身上。

（2）塑造对方价值。

当我们转嫁了对方信任之后，还有一个问题要解决，就是：粉丝心中会想，我为什么要去加他？难道仅仅因为他是我们的朋友、兄弟,就要添加吗?

当然不是! 世界上没有任何一个人,愿意主动去加一个陌生并且没有价值的人。当我们知道这个原理之后,那我们要做的就变得很简单了。

回顾以上7个案例,我们就会发现:

"今天给你推荐一位好朋友,也是我的老师欧巴老师。他是前京东商城地方馆运营总监,西部电子商务培训中心主任。从草根到微商大咖,年利润破千万……"

这里的价值就是我可以从一个草根到微商大咖,年利润破千万。

"今天推荐我的一位好朋友苏伟,两个孩子的妈妈,她从2016年开淘宝店年销售额100万,到之后加入社群,一年时间身价就翻了好几倍。"

同样的道理,通过价值的塑造,苏伟的案例也向大家彰显了自己的实力,以及激发人们的潜意识。自然而然就吸引了更多同频的好友。

其他的案例原理也非常简单,就是挖掘出自己独特的价值,然后讲出来即可。

（3）解除抵触情绪。

还有两个问题,我们必须要面对。

第一个问题:没有人喜欢别人在自己的面前吹牛。

如果我们发一条朋友圈,上面写道:"大家好,今天我要给你推荐我的好友'某某某',他一年可以赚一个亿。"与你不太熟悉的人看到这句话会有什么感觉呢?

"某某某"一年能赚一个亿，明显是有价值的人。但是有一点显摆的感觉，很容易激发人们的抵触情绪。

第二个问题：如何证明我们说的内容都是真实的？

如果我们要炫耀、吹嘘，那么又如何证明我们说的都是真实的呢？

为了解决这两个问题，可以参考以下模型：

推荐他不是因为……，而是因为……

当我们用这样的模型去写文案之后，就可以巧妙地解决上面出现的这两个问题。我比如：

"欧巴老师年轻有为、情商高、懂营销、懂人性，又有那么多的粉丝，但是如果再帅点就更好了！"

请问上面这句话是在夸我，还是在说我的缺点？

显然这句话主要是指出了我的缺点，句子本身大部分的段落其实是在赞扬我。最关键的原因就在"但是"这两个字上。这两个字就像一个无形的开关，只要它们出现在一个句子当中，人们就会自动地把"但是"之后的内容，用来否定"但是"之前的内容。

第一重开关：推荐他不是因为……，这是用来否定前面塑造的价值；

第二重开关：而是因为他……，这就是用来重塑后端"超高价值"。

这个双重开关最神奇的地方在于，我们又一次地塑造了一个更大的价值，但反而让别人感觉到更加可信，无形中解除了好友的抵触情绪。

（4）植入利他思维。

这时候信任和价值都齐全了，粉丝自然就会加我们，但数量不一定理想。如果我们想要更多的粉丝，那在文案里加入"利他思维"的方法我们可以试试。

利他思维分为两种：

一种是硬性的，可以直接让人看出来的，比较明显。例如：今天加我，就送你《营销兵法》电子书一本；

第二种是潜意识抛出的，隐藏在文案当中，但人们可能察觉不了。例如：推荐她不是因为她的定位理论有多厉害，而是因为她原创出了15套地推模型，帮助许多微商团队掌握"不为人知"的地推秘籍，让代理商们轻松实现地推。这两天她的朋友圈会公布几套，建议你可以加她学习一下！

这里并没有说加好友会具体送别人什么，而是说创造了很多模型，这几天朋友圈会公布几套。这样就容易让别人在潜意识中想象出一些画面，激发他的潜意识，如果他想要这些神奇的模型就必然会加对方为好友，并且看朋友圈。

总而言之，要让粉丝行动，就必须给他一个行动的理由，否则粉丝就不会去行动。

（5）推进行动的步伐。

互推文案基本完成，最后要给粉丝一个具体行动的指令。类似这样的话术：

建议你可以加他微信学习一下！

建议你可以立即扫码领取一份秘籍学习一下！

之所以人们看到市面上的互推文案后都没有行动，是因为它的逻辑实际上就是错的。互推没有遵循以上的步骤,做多错多。

另外,大家最容易犯的,就是配图错误。

很多人发朋友圈都喜欢配9张图片,但如果我们用一个不能抓住注意力的文案,再配上9张图片,我们的粉丝就会立刻认定这是一条广告。

所以,关于互推文案的配图,我建议最多放3张图片,其中一张是好友的"二维码",既直观又一目了然!

通过以上这5步的拆解,相信你现在已经理解并掌握了互推文案的秘诀。接下来就是大量的行动,我们现在就可以用手机编写出自己的互推文案,找几个好朋友或者代理商们发朋友圈,看看我们能吸引多少粉丝。

7. 三个绝招助你快速裂变

2016年9月,我倡议大家和我一起在线上做一轮网络营销圈的研讨会。因为我觉得圈子里的好友质量不错,分享的内容也都是干货,我应该将好的活动、好的圈子推荐给大家,让大家互相帮助,相互借力。所以当时我写了一篇软文并发布到了社群的公众平台。

发布后,大家纷纷开始转载这篇文章。48小时内,文章阅读量突破20,000次,慕名而来添加我微信的好友有近400人。接下来我就与大家分享一下,我是如何做到的。

其实方法很简单。

绝招1: 所有软文都要通过故事,承载自己的经历和结果。

文章中,我写的每一个小节,都植入了一位对我有过帮助的贵人，或者实战营销嘉宾同我发生的故事，以及分析对方的实战绝活，他们用这样的方法获得了什么样的结果，还原每一个真实的场景。

绝招2：提到熟人的名字一定要记得提醒他查看。

很多创业者总是不喜欢在发布朋友圈的时候，使用"提醒查看"的功能，其实这个功能威力巨大。因为当我们@某些好友的时候，被我们提醒的朋友一定会点击查看你发布的朋友圈。

试想一下，朋友看到我专门写文章向他表示感谢，并且在文章中还帮他做了宣传，他是否也会去转发这篇文章呢？答案是肯定的。

绝招3："一对一"发送给你关系最好的朋友。

直接告诉他，我需要你的帮助，请对方帮我们转载与分享。有些人可能会觉得不好意思，但我们从小接受的教育是助人为乐，这种小事对于别人来说也是举手之劳，所以其实很容易成功。

我带着弟子去实战后得出的数据是，通过一对一私信发了近100个好友，被转发或分享的次数，最低都达到了60%。也就表明，当我们足够真诚地去沟通，100个人中至少有60个人愿意帮我们转发或分享，这就是结果。

当时我让弟子和学员一对一地去请求帮助，而不是群发。我让大家筛选出那些认为可以帮到自己的人，并针对每个人给予他们专属的称呼，这样对方才会认为你是在真心请求他的帮助，真诚换真心自然水到渠成。

所以，只要我们敢请求，就一定会有结果。

线下拓展好友的六种方法

我一直认为,实体店老板和微商人最精准的客户都在线下。大家都知道,信任是成交的前提。在线上,我们隔着手机,隔着互联网,双方很难有良好的沟通,很难产生信任。但在线下就不同,我们是面对面的,没有了距离感就更容易沟通。信任容易达成,成交就简单许多。

线下活动的种类很多,开展的时间也很多,我们多点去参加活动,多认识线下好友,加他们的微信,不断将好友的数量做起来。有了好友,自然我们产品的销量也不会差。

1. 参加线下活动快速破冰

很多微商人、移动互联网创业者,都很宅,以为抱着手机在家里就能把粉丝加起来。但这样加来的好友信任难以建立、粉丝不够精准。

想把微商做好、想把生意做好,就一定要多进入线下的圈子,扩展人脉、借资源,把别人的资源变成自己的资源。

我曾经在学员群做过一次调查,发现大多数都是从事美容店、艾灸养生等行业,从实体店转型微商的创业者会去参加线下活动。

我们可以通过微信面对面建群,或者使用微信雷达加好友。这些方法连传统行业的朋友们都不知道去用,没有怎么重视它。我每次使用之前都会做一个现场调查,发现最少有一半的朋友不知道怎样面对面建群,也不知道雷达加好友。

我在带大家操作的过程中,他们感觉这种方式太神奇了。所以将面对面建群和雷达加好友作为沙龙的"破冰"环节,沙龙的参与感会非常强。

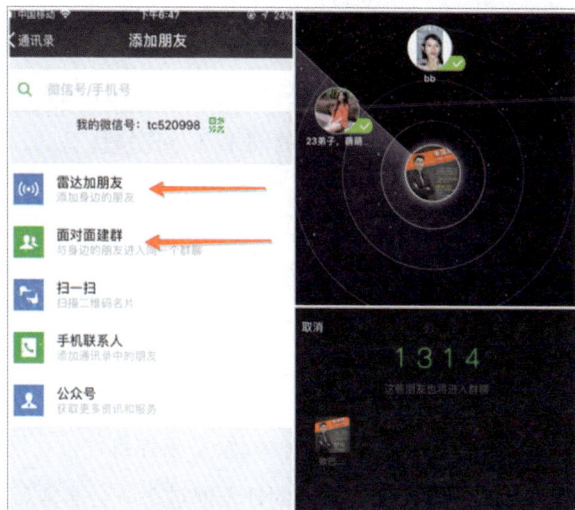

当然,这里有一个提醒。如果这是别人举办的活动,应该主动去询问主办方是否有微信群,有的话就加入,没有的话就帮助他建群,主办方会非常感谢我们。千万不要在不知道有没有微信群的情况下,自作主张建群,反客为主的行为十分不礼貌。

2. 重复的力量不容小觑

重复的力量不容小觑!我在线下做活动开课的时候,都会在PPT的每一页把微信号和二维码放上去,哪怕我不去推广自己的微信号,也会有人主动添加我为好友。

课后，我还会和学员们强调我的微信号，最少重复三次。一些人原本不想加的，我说多了，他也会重视起来。

因此，推广的一个很重要的动作就是重复。

3. 付费的才是精准客户

能够付费参与的好友，都是有付费习惯的。培训班的学费越高，参加培训班的学员质量越高，成为我们的微信好友后，购买产品就越痛快。并且这些人的圈子都是比较优秀的，可以与他们成为朋友，进入优秀的圈子学习。

我们要想做好营销、做好自己的生意，就必须要升级自己的圈子和客户，要找到会付钱的、习惯为价值买单的人。

添加一个习惯为价值买单的人，比添加无数不会付钱的人更重要。

早期我还没有多少好友的时候，经常参加各种付费培训，并且在培训现场加好友，这时候加的好友通过率就会非常高。只用说一句"我是和你一起参加××××培训班的同学，请通过"，大部分人都会通过。

我和一些培训公司的朋友打好关系，让他们介绍一些课程给我，让他们拉我到一些本地的学习与培训群里，我每天都会有学不完的课程，这样既学习成长了，又增加了好友。

如果我们没有去参加培训，可以坐在场地门口用"附近的人"添加好友，动动手指头就可以添加不少人，并且里面有不少很厉害很愿意交朋友的人。

4. 善用客户见证

成年人的世界，没有人不相信你所说的，只相信他所看到的。

所以我们一定要善于利用客户见证，让客户见证帮我们证明。

平时生活中，很多弟子非常懂感恩，总是将自己学到的营销精髓、课程感悟分享出来，以及在朋友圈自发地推荐我这个师父，见证相互之间的成长与陪伴。

弟子在朋友圈发布感恩我的话题，我会截图下来，发到自己的朋友圈去。弟子可能发布一条朋友圈推荐我，只有100位微信好友会看到，而我却在自己上万微信好友中反推了弟子，让弟子的回报高出了很多倍。

同时，大家在自己的代理群，可以为自己的团队老大作见证，为自己的代理作见证。你帮老大和代理作了见证，大家反过来会更加推崇你、信任你，会给你更多的扶持，以及更好地销售产品。要做会感恩的人，互惠原理告诉我们"利他，必利己"。

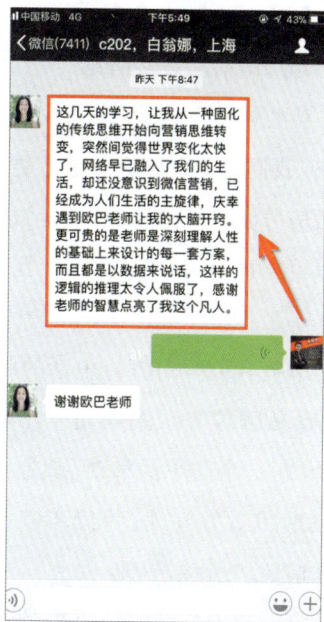

5. 让人印象深刻的绝招

人在哪里，市场就在哪里。十年前人们联系的方式，不外乎就是电话、短信和QQ，可到现在，微信已经成为人们沟通交流的主要场所。大家在跟客户线下交往的过程中，有没有养成随手留下客户微信的好习惯呢？

我要告诉你的是：不管在线下遇到的是陌生人，还是自己的客户，我们的第一反应一定是要留下对方的联系方式，手机号码和微信号要同步记录，特别是微信。因为在对方的微信中，我们可以更加直观地了解这个人，比单纯留下对方的手机号码，效果要好得多。

毕竟我们跟对方打电话的时间是少数，但通过微信，点赞，评论，私聊等等一系列动作产生互动，每一个微小的举动，都是在持续地跟对方互动，持续不断地建立信任。

除此之外，我自己悟出的一点道理就是不走寻常路，才会有出路！

所以，我们在平常的生活中，更多要思考的是，怎样让对方一见到我们，就一辈子都忘不掉我们。我教大家一招，一般人加微信的流程是打开微信，调出自己的微信二维码，然后再扫一扫，对吗？

而我的做法是定制一个手机壳,手机壳上印上自己的微信二维码、手机壳图片和手机桌面背景。

这样的手机壳会立刻引起人们的注意,特别是在吃饭的时候,我只需要把手机放在桌子上,当有信息来了屏幕就会亮,手机的桌面就会格外显眼。这个时候,就会有人好奇:"欧巴老师,你的手机屏幕好特别,是你吗?"之后,我们就可以顺水推舟拿起手机用背面展示给对方看。

而且,不知道大家有没有注意到?手机壳的背面不但有我的微信二维码,还有很多我内训、以及线下授课的图片。只需60秒,我就可以边指出相对应的图片,边诉说内训时的故事,也完美地植入了自己的"身份",让好友听过之后就再也忘不了我。

6.给上门的顾客一个理由

在平常的生活当中,很多实体店的老板跟我说得最多的就是希望借助微信渠道更好地将自己的生意做大、做强!我也认为线下门店结合微信营销效果是最明显的。因为门店自带流量,平时进店的人都是流动的客人。

有了微信后,我们就可以通过一些营销策略,以及通过各种各样的活动,将流动的客户保留到我们的微信当中。哪怕客人今天走了,但只要我们有了对方的微信,就可以在今后店铺出新款或者做活动时,去跟进、维护客户。

如果一家店一天进10人,一个月就有3000人。只要我们给上门的顾客一个理由,让他们加我们为微信好友,或者加到自己建立的微信群中,我们就可以将顾客锁定,进而进行长期的后端营销，这种吸粉的思维叫作"不要白不要"。

我们可以提供更好的增值服务，让对方感觉占了便宜，比如：加微信立即赠送见面礼；或者，加店长微信，不仅可以领取店长红包，还可以加入VIP顾客群，在群内定时抽奖、以及第一时间发布新品和福利活动等等。

上图就是学员结合微信营销在线下做的活动。

在没做线上营销之前，店面开张3年，3年时间老板只积累了一百多个客户的电话号码。我们通过观察发现每天进店人数200人左右，销售额4000元左右。

接着，我们针对店的运营情况做了一些营销动作。通过微信公共平台做促销活动、扫码关注公众平台、加店长微信送小礼品、店外"多对一"宣传、购买转发再送礼品、达到一定金额再送礼品的多点爆破方式。

通过一周的时间，我们帮助店面收集到了2600多个有效客户的信息。包括姓名、电话号码和微信，每天的进店量从200人增加到1000多人，销售额翻了5倍，达到2万元。

店里店外的人流量是最精准的，有门店的创业者和客户线下见过面，信赖感也是最高的，只要运用一定的策略即可将线下客户转化到线上，将客户锁定在微信中。

用三条核心法门轻松吸粉

接下来我分享几条建议给创业者们，这些建议都是我多年的经验所得。

1. 永远跟有结果的人学习

不要总局限在自己的固有模式里，一定要多请教身边的朋友，要跟有结果的人学习。我曾经做电商的时候，花了几千元买各种课程，花了半年时间去不断测试，但收获的结果却微乎其微，产品一直卖得不温不火，总找不到方法解决。

一个偶然的机会，我发现一个好朋友居然把自己的淘宝店，做到了蓝冠店。询问后才发现我遇到的问题，在对方那里根本不值一提。对方就这样轻松地解决了困扰了我半年的问题。

之后我又通过这个朋友认识了许多电商圈的大佬，通过不断地沉淀和学习，我赚到了人生中的第一桶金。这一段的经历也为三年后的我，成为京东商城地方馆运营总监奠定了坚实的基础。

之前，我总喜欢自己去摸索，不喜欢去问，所以浪费了很多宝贵时间。而现在我只要有问题，马上会找相关专业的人去询问，不会再一个人苦苦地想办法。因为我知道，我们遇到的问题，99%的人都遇到过，并且已经解决了。

2. 学 100 招，不如将 1 招练 100 遍

其实好友获取的方法有很多，用好最适合自己的 1 招，是见效最快的方式。很多人不成功的原因就是心里总想着要把所有的绝招全部都学会，再去用。其实真等到那天，黄花菜都凉了。

所以，与其学 100 招，不如把适合自己的 1 招练 100 遍。我也是这样，给大家分享的方法我自己都有用过。但最常用的、最适合自己的也就是那一两招，其他的方法在合适的时间和地点做补充，就足以起到非常大的作用。

3. 持续不断的坚持和重复

加上好友只是第一步，留住好友才是重要的。我们要经常与好友进行互动，否则花再大力气吸引来再多的人，也只不过是毫无黏性的陌生人。所以，你需要不断地通过"差异"，通过你和其

它人的不同之处,保持好友对我们的注意力。

新东西层出不穷,人心也越来越浮躁,谁都想寻求一夜暴富的方法。在这种情况下,我们要如何增加粉丝黏性呢？我们只需明白一招,就可以马上使用。然后就只需要持续不断地坚持与大量地重复,就一定可以获得我们想要的结果。我认为,最赚钱的方法,是做我们自己最擅长、最简单的事。

被窝红利——好友信任推进的绝招

第五章

什么是被窝红利？

被窝红利就是利用我们休息前的时间段，通过有效沟通，建立和好友深度的信任，并顺便赚些钱。

我们都知道不管做任何项目，做生意就是交朋友。白天大家因为忙工作以及处理事情，心态比较闭塞，但是到了晚上人们的心态就会慢慢打开，变得比较感性，容易接纳身边的人和事物。

所以，这个时候更适合向人们推销产品或者服务。

揭秘被窝红利的奥秘

很多人不知道一开始应该用什么样的话题和好友进行沟通，运用被窝红利的方法，我们只需要一个简单的动作，就可以引起好友的共鸣，从而进行有效沟通。

沟通的对象不要在微信通讯录里找，而是要在朋友圈里找。

比如，当我们刷出如图所示的朋友圈时，我们应该怎么做呢？

我们的策略是，立刻给第一个朋友点赞，询问她参加的是什么活动，恭喜她晋升。

第二个朋友是在卖减肥产品的微商人，我们可以直接询问她所售产品的价格。那么对方一定会觉得，她刚发出朋友圈就得到了回应，我们可能是想买她的产品，是她的精准客户，所以一定会认真对待我们。

这个简单的动作还会引发好友对你的好奇心，对方为了搜集我们的信息，甚至会去看我们的朋友圈，主动来找我们聊天。这个时候我们就可以顺势而为，当对方主动来问我们是否想购买产品时，我们就占据了主动权，可以主动进行发问，以产品为由去收集对方更多的资料。这样就产生了有效的互动，互动产生信任，信任产生成交。

微商圈里有句话说得很对："关系到位，价格无所谓。有了强关系，成交就是水到渠成的事情。"所以大家晚上要找聊天的对象不要去通讯录找，而要在朋友圈里找。因为发朋友圈的这个动作，就证明他现在有空。

谁在这个时间发了朋友圈,我们就去找谁聊天。结合对方刚发出的朋友圈做沟通,或者截屏一条对方之前发过的朋友圈,从而打开沟通的大门!

另外还需要注意几个关键点:

(1)寻找目标,就是寻找还没有睡觉,还在线的人去沟通;

(2)寻找线索,通过现在发的朋友圈和对方日常发出的朋友圈,找到我们需要的线索(对方的需求、痛点);

(3)判断答案,通过这些线索加上有效沟通,来印证我们对对方的判断。

被窝红利的五大步骤

实现被窝红利还有五个步骤:第一,赢得微信聊天的机会;第二,做好聊天的准备,你想要传达的信息;第三,了解对方近10天所发的朋友圈都是什么内容;第四,找出一个关键的社交点;第五,把自己推荐给对方,深深地刻在对方的脑海里!

这五个步骤就是被窝红利最核心的关键点。

第一步,赢得和好友聊天的机会。

任何生意都是建立在人与人之间的关系基础上,人们是有感情的群居性动物,所以与客户相识、相知是我们营销的重点。

我们一定要学会和好友互动,只有先产生互动,对方才会认识我们,想去了解我们。所以之前讲到的点赞、评论,这些基础的动作都是在赢得和好友聊天的机会。

第二步，准备好聊天的内容。

第二个步骤就是先准备好我们要聊天的内容，我们如果在做某款产品，那我们需要的就是客户和代理。所以我们在看对方朋友圈的时候，就要分析对方的性别、年龄、心态、性格、购买力等信息，从而率先制定我们的聊天策略。

第三步，了解对方近10天所发的朋友圈都是什么内容。

例如宝妈可能会发她的孩子、她每天的生活，那么我们就可以跟她聊孩子、聊家庭、聊女性健康、聊一道菜……总会找到一个话题。

如果我们在做某款产品，这也是我们定向找精准客户的方法。比如我们卖的是女性私密产品，那我们不可能去找一个男性聊天，去推荐一个女性产品。因为我们说服一个男性来买女性的产品，付出的成本和精力会相对大很多。所以我们一定要去找一个女性好友聊天，努力寻找精准的客户人群。

第四步，找出一个关键的社交点。

这个步骤和第二个步骤同理。只不过这点多做一些延伸，如果对方的兴趣爱好跟我们不一样，那我们就要投其所好。比如，对方天天在朋友圈发与茶有关的话题，那我们就去跟他聊茶。即使我们不太喜欢茶，也要跟他聊。如果我们不懂可以用请教的姿态，向对方咨询。对方自然会跟我们大谈特谈对茶的理解。

那么在沟通的过程中，我们就可以轻松地向对方介绍自己。

其实通过一次愉快的聊天，微信好友不仅会放下对我们的防备，还很容易成为朋友，哪怕大家素未谋面。

第五步，将自己深深地刻在对方的脑海里。

第五个步骤，就是把自己推广出去，深深地刻在对方的脑海里。我们前面四个步骤，其实就是在为第五步做铺垫。

怎么推广自己？我常说："没有雪中送炭的事，只有锦上添花的人。"所以我们在和好友聊天的过程中，一定不要聊自己有多苦、多难，而是要聊我们有多好、多努力。我们通过什么事情，改变了自己的生活；我们加入了什么团队，认识了怎样的知己。我们需要用故事去影响对方，用故事承载我们的真情实感，发自内心地和对方交朋友。

这些聊天都是发生在晚上10点半左右，这个时间段很多人都躺在被窝里准备睡觉了。

突然有一天很多人过来加我，一晚上的时间"总裁班"就多了很多学生付费报名。我很疑惑,就问他们是谁推荐过来的,让他们把推荐人的名片推送给我。通过推送过来的名片,我才知道,原来这些学员都是一个叫媚儿的微信好友推荐过来的。

可媚儿和我之前很少沟通,也不是我的学员,她为什么要平白无故地为我做推广呢? 这让我对她产生了更多的好奇。

后来,我从与媚儿的沟通过程中得知,原来她听了我的一节公开课,回去后仅是把公开课的内容执行到位了,业绩就有了很大的提升。所以,她一看到有总裁班的课程,就毫不犹豫地推荐了代理报名总裁班,跟我系统地学习。

因为媚儿给了每位代理100元的听课补贴,所以大家自然非常乐意过来听课。这样为代理们着想的好上家,也让我很感动。于是我也对接了一些资源给媚儿,并且和媚儿成了非常好的朋友,甚至结为了师徒。

除了以上说的这些步骤,我们还能怎样利用被窝时间去做事,产生更多互动呢?

很多微商人以及团队长都很喜欢秀图,但是很多人发完一条朋友圈,或者晒完自己的收款记录后,就没有下文了。这时,很多人就会产生一个疑问:我发了一些生活动态,上家让我发的朋友圈我也发了,但还是没有人关注我的朋友圈,怎么办呢?

首先,我们先找准想要互动的对象,然后不管对方的朋友圈发了什么内容,我们打开他的朋友圈连续点10条赞。当我们点完后,他一定会觉得很好奇,心想:这个好友之前从来没跟我发过信息,今天居然一次性点这么多赞?

出于好奇,他一定会去我们的朋友圈看一看。在这个动作发生时,我们的前几条朋友圈就显得尤为重要了。

以媚儿为例,她去给好友连续点赞10条朋友圈之前,自己的朋友圈前三条分别是:

(1)自拍照。晒出自己贴近生活的一张自拍照,大家就可以认识真实的我,容易建立信任感,而且相对而言,每次自拍照点赞的人会比较多;

(2)描述自己的现状。让大家知道此时我正在总裁班学习,告诉大家我依然在努力,做微商也不是光靠运气的;

(3)我推荐了欧巴老师,以后也想在朋友圈多发一些关于欧巴老师的朋友圈,让大家知道我又认识了一个大咖,而且还是一个这么贴心的大咖。

我们来分析一下媚儿的例子,首先她通过自拍照,给人真实的感觉,又通过发在社群学习的截图,告诉微信好友们自己虽然小有所成但依然在学习,给人一种上进的正能量。同时,她又很好地借力我的身份,得到了一个附加价值提升点。此举不仅帮我做了宣传,也提升了自己的影响力。

当然,媚儿帮我做了宣传,我同样也会给媚儿一些资源,礼尚往来。

被窝红利之诱敌深入

大家平日里是否有这样的困扰:遇到一个很喜欢的好友,不停地刷着对方的朋友圈。可这个时候来了重要信息,你又不得不回复;或者翻看了很久,突然不小心退出了,好不容易刷了很

久的朋友圈,又要从头开始,
特别浪费时间。

其实,微信有一个功能,
可以让我们一秒定位好友的
朋友圈,随时翻看对方任意
时间段的朋友圈。具体步骤
如下图所示:

第一步,点击"搜索";

第二步,输入想要查找
好友的昵称;

第三步,选择"按时间
筛选";

第四步,选择想查看的
日期。

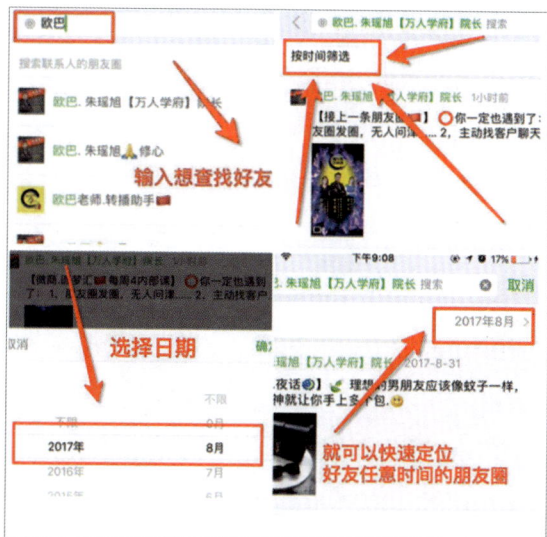

之后就可以快速定位好友任意时间的朋友圈了，但到这里还远远没有结束。如果大家以为学会了一秒定位好友朋友圈的方法，只是用来翻看好友的朋友圈，那就大错特错了。

我反复强调，我们作为营销人一定要通晓人性，一定要真诚、走心。所以迅速定位好友朋友圈后，可以在朋友每个月的朋友圈，都留下几个赞。对方一定会想：我平时发个朋友圈都没人点赞，今天这个好友不但给我点赞，而且都看到我半年前的朋友圈了，最重要的是还那么认真，每个月都有点，看来对方是很有心的人。

我们还可以截屏好友的某几个朋友圈，把截图私信发给对方，真诚地去赞美以及给予对方关心。截屏的朋友圈年代越久远，对方就越感动，我们聊天的话题，也越容易打开。

这是一个非常有效的互动方法，适合所有人使用。在被窝时间，请卸下面具，放松、真诚地去和好友沟通，感受手机那边的生命。

社群营销——微时代必须要掌握的秘籍

第六章

营销人的微信群管理方法

在移动互联网时代，让来自于五湖四海的人们，突破空间、时间的限制，相聚在一起，在微信群中相识、相知，相爱。从营销的角度上来讲，我们可以把微信群当作一个招商会场。

之前，我们一般是通过组织线下活动的方式，将人邀约到线下的会场进行招商。但是这种方式十分损耗时间和精力，一个线下会议至少要准备两周到一个月的时间，需要准备大量的物料以及配备人力，还要煞费苦心地把人从全国各地组织到一起。

微信群的诞生，让我们实现了线上招商。相较于线下会议，线上招商成本更低，更适合现在的营销人。

为什么要做微信群管理

做营销一定要明白，客户在哪里，市场和商机就在哪里。

目前国人使用得最多的就是微信群与QQ群,也就是说这两个地方是客户最集中的地方,特别是微信群。微信群里可能聚集着大量准客户、准代理商,或者是准合作方。所以如果我们能管理好微信群,将这些人集中到群里,那么以后都能有办法慢慢影响,直至成交。

平日里,很多微商、创业者经常问我:"怎么管理微信群呢?怎么设置好'诱饵',然后引导成交呢?"

其实,营销的原理是共通的,只是产品换了、场景换了罢了,所以我希望大家能触类旁通、举一反三。

怎么管理微信群?这个问题让很多群主以及管理员头痛。因为没有框架、没有方法,尤其是当我们手上有很多个微信群的时候,我们想交给团队中的人管理,他又不会,这个时候只能由我们来教他。

按照步骤进行操作,我们就可以变成有营销意识的群主。

微信群要达成的五大目标

作为一个合格的、有营销意识的群主,微信群一定要达成五大目标。

第一,推广。在微信群内,大家一定要多推广自己,为平台、品牌,或者产品创造曝光的机会。通过推广,我们会让原本没有方法,或者没有上家带的移动互联网创业者们建立信心。

第二,营造氛围。作为群主,我们要生产吸引力让群友们无法抗拒,比如我们每天发个小红包,或者给群友提供有价值的信息。营造好群里活跃、热闹的氛围,能增加群友之间的黏性。

第三,引流吸粉。通过红包以及有价值的内容,我们不断地影响和吸引群员,达到引流吸粉的目的。

第四,筛选。我们可以通过社群,筛选出和自己同频、同好、同价值观的好友。并通过多频次的互动,建立联系、建立信任,最终成为合伙人,一起为共同的事业拼搏。

第五,成交。社群还能让成交最大化,我们可以通过社群,一对多地批发式成交好友。

如何实现微信群五大目标

那么,如何实现这五大目标呢?

第一,找准社群定位,提前邀约好友。

微信群在建立之前,我们就要想好社群的定位,为社群找一个主题。然后再对应主题,找准人群,准备邀约话术。规划好友进群过程前、中、后三个阶段的话术以及流程。

第二,了解微信群的基本设置,灵活运用微信群的功能。

微信群的名字:微信群名要取好,名字不宜太长,否则显示不了。群友截图群信息,分享到朋友圈时,他的粉丝也看不到群的完整名字,这就降低了推广的效果。

微信群的公告:微信群的群公告,是一个很好用的功能。我们可以隔几天或者每周换一次公告,群公告相当于一个广告宣传板,当好友进群时,大家都能看到。而且群里最近有什么事情,有什么活动,有什么通知,只要改好公告发出,所有人就能看到。所以,要善用这个功能,持续地吸引群内好友的注意力。

微信群的群规:国有国法、家有家规,微信群也要设置好群规。好友进群时,群主或者管理员应该第一时间把群规发送给对方,让好友明确此群的注意事项。制定好制度,才能让社群有序地开展。

置顶微信群:如果我们是群主或者管理员,有新的群友进群时,我们要通知大家将群置顶,并将群保存到通讯录。

因为现在每个人的微信中都有很多微信群,如果不让大家把群置顶,我们的群就很容易被其他微信群的信息淹没。

修改微信群中我们的群昵称:在微信社群当中,我们要改好自己的群昵称(在群设置里修改,不会影响到自己的微信昵称)。比如,我在开公开课的群中,就将自己的群昵称改为了"欧巴老师,我要跟您学习",那么有人在群中@我时,我的群昵称就会显示出来,无形中又进行了一次自我营销。

微信群的查找聊天内容功能:我们经常会出现没有及时在线听课,或者没有及时看到群内信息的情况,一条一条聊天记录地找又很麻烦。这时候,我们就可以在群设置的"查找聊天内容"里,搜索想要查找的内容,即可实现快速定位,查看群聊天记录。

微信群的设置聊天背景:我们设置的聊天背景,在和客户聊天的过程中,对方是看不到的,但我们自己可以看到。最重要的是,当我们截图发朋友圈的时候,我们的微信好友都可以看到这个聊天背景。

我们可以把聊天背景设置成自己团队的名字、品牌名，或者个人照，这样截图发朋友圈的时候，就会有很好的传播效果。

我平时无论是线下授课，还是给公司、微商团队做内训的过程中，都会将学员和我的合影设置成"专属背景墙"，这样不仅能让我快速准确地辨认出对方的身份，也能给学员一种被尊重的感觉。

微信群的群主管理权转让：如果我们不想管理这个群了，我们就可以把管理权转让给群里的另外一个人，之后对方就会变成社群的新群主。要注意的是更改后，无法撤销，所以要考虑清楚后再执行。

微信多开：有的小伙伴问："欧巴老师，我有几个微信号，要怎么管理呢？"很简单，要不准备一台安卓手机，要不就用电脑登录，很方便。有些微商的效率提不起来，是因为不懂如何把电脑和手机一起配合使用。学会后，我们就大大地提高了工作效率。

第三，每天的第一件事，振奋群员精神。

作为群主、管理员，每天要做的第一件事，就是振奋群员精神，比如每天早上在群里发一个"叫醒红包"。因为很多人一大

早起来,如果在群里看到一个红包会非常开心,哪怕只抢到1分钱,对方也会觉得今天运气很好,一起来就抢到红包。

用红包开道,也能给群内的好友留下深刻印象。

(1)群友会觉得你很有毅力,能坚持的人才比较值得信任。

(2)群友一直拿我们的红包,出于礼尚往来的心理,有什么好事也会想起我们。尤其是当他们需要的产品与我们代理的产品性质相同或相近,对方一定第一时间找到我们。

所以,一旦我们学会了社群运营,再结合红包营销,营销效果将会得到大大的提高。不过要注意一点,有些人会利用软件抢红包。如果我们发现有人每次都能第一个抢到红包,那么对方很可能就是使用软件抢红包的,为了其他群友的利益,我们最好将这种人踢出群。

第四,发广告者,严格按群规处理。

我们要经常发布群规则,最好每周发一次,提醒大家,也提醒新进来的群友。

群规则其实很简单,我做了一个简单的群规则模板,大家可结合实际情况,具体制订。

本群群规:

(1)禁止发广告,违者第一次警告,第二次直接踢出。

(2)欢迎在群里分享知识,贡献价值。

(3)欢迎你每天在群里发个小红包,让大家记住你。

(4)当群友提出问题时,你可以第一时间回应与帮忙,让大家记着你的好。

(5)除了分享干货外,如果有好玩、有趣的段子、故事,也可以分享到群里。

(6) 友谊第一, 因为朋友是一辈子的财富。

所以, 如果我们发现有人在群里发广告, 要第一时间按照群规处理, 第一次警告, 第二次直接踢出。

处理完以后, 我们也要告诉大家原因, 让大家引以为戒。不然我们把人踢了, 大家都不知道, 其他群友还以为发广告没关系, 大家都跟着发, 这样就破坏了群内和谐的氛围。

第五, 有群信息要第一时间回复。

当群里有群友提问的时候, 我们要第一时间回复, 因为, 我们是社群的管理者, 有回答问题的义务。另外, 我们要做引导, 为今后的成交做铺垫。

与群友互动, 记住一句话: **沟通的目的, 就是为了提供价值、建立信任、引导成交!**

我们在群里回应好友的时候, 不要盲目地回应, 而要带有目的去回应。千万不要老是在外面找客户, 自己的群又没做好营销, 那就浪费了太多宝贵的时间。

有人说: "欧巴老师, 我去做了, 也发了消息, 为什么还是没人买我的产品? "

听到这样的话, 我就知道, 你连成交的门都还没踏入。素未谋面的好友, 至少要连续刺激5~10次, 而且还要用不同的刺激方式, 对方才会有意向购买你的产品, 或者喜欢上你这个人。

所以, 你要反思一下, 自己才在群里发了几次消息? 为什么群友的购买热度还没有被刺激起来? 你设置的诱惑、引导或者刺激够吗? 如果都没有做好, 好友怎么会跟你购买呢? 成功需要过程,任何事情都先要有足够的量变,才能产生质变。

第六,群主/管理员,每天输出干货。

在群里,我们作为社群的管理者,最好每天都分享一些干货。

我们分享的可以是一些干货知识、一篇文章,也可以是一段语音。比如,我们可以直接把公众号里的文章、电台课程,转发到自己的群内。

我们也可以在当天或昨天发的朋友圈中,选一条比较有用的,发布到自己的群内。我们每天发的朋友圈可能有些好友并没有看到,但我们再一次把发过的朋友圈转发到群内的时候,就会刺激好友去看我们的朋友圈,这也起到了二次营销的效果,而且操作简单直接,只要坚持,就会产生质变。

除了自己的社群,也可以发布到其他的社群,只要不是赤裸裸的广告,合适的群都可以轰炸一下,用软文进行营销。**如果广告发得太硬了,我们就补发个小红包。**

我们分享了有价值的信息后,就会引起大家的注意,吸引好友主动加我们的微信。不要怕犯错,大家要大量地试错,积累失败的经验。做营销也讲究概率,就算被踢出来也没什么,我们再多交换一些高质量的群即可。

第七,群里要有助攻手。

我们可以在社群里安排一个小号,或者安排配合人员,俗称助攻手。当群里有人不听话,我们想要批评对方,但又不好说出口时,就可以借用这个小号,或者让助攻手,来投诉对方。在设置引导成交但没人配合的时候,我们可以让助攻手来配合。

当我们发布了某一款产品的软广告,我们可以用小号和自己聊天。别人一看，我们在群里跟另外一个群友聊天，而这个群友，问了一大堆关于产品的问题，而我们又那么耐心地解答。无形中，其他群友也会被我们的专业打动。

当然，用这招的前提是产品质量过关，我们不能骗钱，更不能做伤天害理的事。大家要明白从歪门邪道赚到的钱，很可能也会从歪门邪道中散出去。**所以一定要做良心生意，为自己积攒福报。**

第八，解决群友最关心的100个问题。

想要做好群主/管理员，核心秘诀就是一句话：为大家贡献价值。具体点就是，解决群友最关心的100个问题，这就需要我们用心思考、用心行动。

比如，我们可以在群内每周组织一次大咖分享，让其他人好好听课，收获价值。这个大咖既帮助了他人，也宣传了自己。每个月我们也可以在群里做语音分享一些干货。还有，我们可以收集这个群里所有群友的通讯录，然后进行资料共享，让大家互相了解。我们也可以牵线搭桥，帮群友整合资源。还可以组织本群的群友，到各个城市参加线下聚会等等。

解决群友最关心的问题，当我们持续地为群友创造价值、贡献价值，最后自然也会有源源不断的收获。因为，大家都相信我们。既然相信我们，那么他们就会选择购买我们的产品，成为我们的合作方。

信任，是一切成交的核心。只要我们愿意付出，就一定可以有收获！

营销人必须懂的混群秘术

移动互联网的迅速发展让越来越多的人开始重视微信营销。然而,朋友圈的阅读量逐步下降,反倒是微信社群已经成为当下性价比最高、信息传播速度最快、"一对多"建立信任最容易的互动方式。

微信社群不受行业、地域、时间的限制,拥有传统招商模式无法比拟的效率。因此想要通过微信社群做营销,首先要掌握"混群秘术"。

"混群"顾名思义就是在社群中与大家"打成一片",争取在群中建立自己的影响力。

首先要知道,我们要通过社群实现什么目标?营销人混社群的常见目标有推广、交朋友、赚钱、收获粉丝等,想要达到这些目标,只需要做好九步。

1. "破冰红包"第一时间发出

当我们进入一个社群中,第一时间可以发个红包,调动气氛吸引群友注意力。因为在进群前,我们无法判断社群中正在聊什么话题,自然也很难融入。但所有人都喜欢红包,所以进群第一时间发一个小小的红包,不仅能快速聚集群友目光,还能让大家对你有个好印象。这个红包的主要作用,就在于打破陌生人之间的"冰点",所以我将它成为"破冰红包"。

破冰红包的金额与个数，可以视情况而定。一般群人数少，我们发的红包金额就可以小一点，因为单个红包领取人数少，每个人领到的红包会比较多；反之，群人数多，单个红包领取人数就多，能领到的红包金额也比较小，所以我们可以发金额大一点的红包。

2. 个人介绍一定要结合人性

第二个步骤，特别关键。发完破冰红包之后，要立即发自己的个人介绍。

我看见很多人写个人介绍都很随便，比如"大家好，我是卖某产品的宝妈……"这样的自我介绍，不仅没有吸粉效果，也吸引不了群友的眼球，很快就让人遗忘。

我们发出的个人介绍一定要结合人性。

正确的做法是要做到以下两点：

第一，要植入痛点；第二，要植入让人无法抗拒的福利。

比如，除了简单的个人信息，我还会额外发出"我有3000个微营销课件，近40万微商人脉资源，加好友，立即送你50个引流课件以及价值198元的影视VIP卡，让你免费观看37家视频网站VIP电影"这种福利消息。

很多实体店老板以及微商团队长都在不停地学习，他们都想管理好自己的团队，但大家没有自主开发课件的能力，微商新人更加渴望学习新知识。

所以，我在个人介绍的最后植入了"额外福利"，又告诉大家加好友送课件和VIP卡的信息，对大家来说这就是"痛点"和无法抗拒的福利。

3. 主动出击、筛选精准好友

第三个步骤，就是主动出击，加群内好友。

我们可以看到群内好友的头像、昵称、个性签名，甚至有部分微信好友的朋友圈设置了"最近10条朋友圈"可见。我们可以通过好友的这些基本信息，进行初步筛选，看一下哪些是我们能够成交的客户，哪些是我们想跟对方产生连接的群友，然后主动添加他们。

另外，在主动出击加好友的时候，我们要注重三点：

第一，与群主打好关系。加上群主的微信之后，我们可以给群主发一个小红包，提前告知群主我们要发广告，群主同意了，我们就可以发广告了。

第二，我们可以"震慑群主"。这是我要求弟子和总裁班的学员去做的事，因为他们在课程中学到的营销策略以及沟通方法，随便使用一招就可以让群主感觉到，我们身上自带"干货"。我们的身份感、气势与专业度也是完全凌驾于对方之上的。

群主也有自己的生意、自己的项目，对方同样想向我们学习，我们可以直接把群主转化成我们的粉丝。当群主都成为我们的粉丝了,那么社群就相当于是群主帮我们建好的一个"鱼塘"。

第三,灵活运用破冰话术。破冰话术分为两种,一种是主动加好友需要用到的话术,另一种是通过好友后初步交流的话术。

我们逆推一下,先从通过好友后的话术讲起。其实好友通过后,我们的主要目的是破冰。那么这个步骤就跟破冰红包同理,我们可以选择先给对方发一个小红包,或者把在群内发的个人介绍直接转发给对方。发给对方的同时,我们一定要索要对方的个人介绍。这样的话,我们就可以根据对方的信息,找到对方的痛点,这个细节非常的重要。

那么如果是主动加好友,希望对方通过我们的好友请求时,我们应该怎么做呢?

为了让大家更方便、高效地运用好破冰话术,我把在实战中最容易通过的9套话术模版分享给大家,话术参考如下:

(1)你好,我已经关注你好久了。

(2)我是你的粉丝,通过一下。

(3)××社群群主推荐(和好友在同一个社群中时,可用)。

(4)××,你的那个项目是如何操作的,请教一下。

(5)朋友说,××(名字)你很有××(某项特点),特地向你请教一二。

(6)还记得大明湖畔的夏雨荷吗? (幽默一点)

(7)××你好,朋友向我极力推荐你,我特来向你学习。

(8)你的 ××产品,怎么样?

(9)我在其他地方,看过你的文章,受益匪浅!

4. 群置顶要注意的两个要素

第四个步骤很简单，就是将新加入的群，或者重要的群置顶。

关于群置顶，我们还要注意两个要素。

第一、我们将群置顶，是为了不错过群内一些重要的信息。

第二、我们要注重社群的时效性。

当我们新加入一个刚刚建立的社群，它的活跃度是有时间限制的。如果这个群没有人做大量的知识分享，社群里也没有明确的人员分工，或者这个群不是一个付费社群的话，那么这个社群就会在3~7天内彻底"死掉"，或是沦为广告群。

所以，我们要通过群置顶和红包破冰的方式，先观察社群一两天，看看这个群是否已经变成了死群，是否对我们有价值，我们后续是否需要投入时间和精力。如果答案都是否定的话，这个群也就没有置顶的必要了。

5. 每天刷脸把身边的人吸住

之前我讲过，作为一名合格的营销人，没有曝光就没有互动，没有互动就没有成交。移动互联网时代，跟真实地面对面交谈有很大的区别。

在线上社群中，大部分人都是素未谋面的陌生人，所以我们必须坚持每天在群内"刷脸"，也就是曝光自己、宣传自己，建立起大家对我们的喜欢和信任。我们在群内曝光的频率越高，我们分享的东西越有价值，那么我们在群内的影响力也就越大。

如何"刷脸"呢？最简单的方式就是每天在群里说句话，让大家每天都能看到你。特别是固定一个时间，效果会更明显。

心理学中有一句名言："行为的重复会变成习惯。习惯的重复，会变成思想的高速公路。"当我们不断地在社群当中"刷脸"、不断地曝光自己，就是在不断地重复，这样我们就会被别人更好地记住，进入别人的潜意识当中，从而让别人信任我们。

其实，不管是什么行业，营销最重要的就是获得客户对我们的信任。有了信任，客户才有可能喜欢我们。因为喜欢我们，他们才会购买我们的产品。并且，他们可能还会为我们进行源源不断地转介绍。

所以，从现在开始，**每天在固定的时间"刷脸"吧！** 这样我们就可以形成强大的磁场，把身边的人牢牢地吸住。

不要觉得坚持做这件事很困难，我有11个微信个人号，我的社群中有上万名付费学员，我都能做到定期维护，定期与好友互动，相信这对大家来说更没问题。

6. 营销人要学会朋友圈移植

朋友圈移植这个概念，是我在整个微商界最先提出的。这个方法不仅可以将社群和我们的朋友圈相结合，还能让我们持续不断地曝光自己。

什么是"朋友圈移植？比如，我们可以从自己每天发的朋友圈里，选其中一条最有价值的朋友圈，截图发在社群当中。我们可以发在别人的社群当中，也可以发到自己建立的社群当中。

怎样判断一条朋友圈有没有价值呢？记住，能够给人带去方便，对别人有用的朋友圈，就是有价值的。

比如，我们可以在朋友圈教大家一个微信使用小技巧，或者送对方一个课件。有时候我们学到了某一项绝活，也可以无私地分享出去。

很多创业者、微商人做不好的主要原因就是太自私。

他们学到了一个好方法，往往是不愿意分享出去的。因为他们觉得分享出去，自己身上就没有绝活了，就吸引不了别人了。我们千万别以这样封闭的心理，自私的心态去做营销，否则，只会越做越无力，越做路越窄。

我认为最厉害的干货，就是无私，最快的成长方式就是无私地分享。

在无私分享这方面，我一直以身作则，我告诉所有学员和弟子，希望他们能把从我这里学到的知识、绝活，大胆地分享给身边的人。你分享的东西越多，你的粉丝也会越来越多，和你同频的人，就会在社群当中不间断地出现。

所以营销，最重要的一个核心秘籍，就是要学会无私地分享。

我们把自己所有的知识分享出去之后，危机感会持续激发我们学习的欲望。人只要不断地学习，就会获得更多的成长、更大的成就。

所以，我一直以来都是把自己所学的知识，所用的营销策略都毫无保留地传授给我的弟子们、学生们。

7. 第一时间发布与解决问题

不管是在别人的社群，还是自己建立的社群中，大家都可以提出自己的问题，或者热心地去解决群友的问题。

虽然群内成员不一定能够解决我们的问题，但当我们这么做的时候，能达到三点效果。

(1) 通过我们的问题，或者我们主动给他人解决问题，就会受到群内好友的信任，这也是自己"刷脸"的机会。

(2) 我们可以通过自己的提问，在问题中无形地宣传自己，换言之就是在给自己增加曝光机会。所以，我们可以巧妙地利用提问题来营销自己。

比如，我作为一名营销导师，我可以这样提问："这几天一直在回复学员们的私信,发现很多学员都在询问吸粉的问题,大家怎么看?"

假设,我是一名团队长,可以提问:"这两天代理出货还不错,一共完成了 × 万元的业绩!不过,感觉发朋友圈这种推广方式不太好,大家有什么好的建议吗?"

通过这样提问,我们就在无形中再次曝光了自己的身份、业绩,起了宣传作用。如果这个社群活跃度很高,这样的问题一发出去,就会吸引同频的群友主动加好友。**所以,大家一定要跳出产品思维,要做到无处不营销,时刻"卖"自己。**

(3)每个人都有自己独特的优势和特长。每个领域都有专家,每个人也都有自己独特的优势,说不定我们遇到的问题,真的有群友可以帮到我们,给出建议和启发。所以不要小看了社群的威力,也不要把自己封闭在小圈子里。勇于"破框",勇于突破自己,定能收获一路惊喜。

8. 用声音拉近彼此的距离

我们可以通过语音或者电话和微信好友进行沟通。很多移动互联网创业者、微商人,从来没有和好友见过面。或是因为距离问题,或是因为时间凑不上。所以,在这样的情况下,微信语音和电话,就是一种非常便捷、有效的和微信好友快速建立信任的途径。

如果我们每天通过微信语音或者电话,联系2~3个代理或者微信好友,把要讲的内容提前准备好,每通电话语音15分钟左右结束。那么一个月后我们至少可以收获几十个铁杆粉丝,而且代理们的向心力和冲劲也会越强。

因为,声音是有温度的,它可以瞬间拉近彼此的空间距离。

不过要注意,聊天内容要定时定量,见好就收,以便为下次做铺垫。

这个看似简单的方法,其实非常有效,关键在于我们是否愿意突破自己和持续坚持。量变引起质变,难就难在开始,你是否愿意突破?

9. 参加聚会分享、卖自己

如果我们和微信好友在一个城市,一定要主动约时间见面。**一次见面胜过多次电话与文字私聊。**

关于移动互联网创业,我总结了一个公式: 文字 < 图片 < 声音 < 视频 < 见面,见面是建立信任最好的方式!

另外,当地每月可能会有各式各样的活动,大家都可以积极参加。不管参加什么活动,都要主动上台分享、推销自己!

第七章

实体营销——七大错误传统观念

人们每天都在追逐成功，却很少有人去研究：成功的必备条件是什么？

为什么很多传统实体店老板在经营企业时，经常会出现业绩上不去、人才留不住、员工不好管的问题？自己凡事亲力亲为，每天都很忙很累，可生意依旧没有起色？

因为时代在变，而很多老板的思想却一成不变。所以，企业要想改变，突破口就是老板本身。人要想改变，一定要从思维上开始。如果固有的思维观念没有被打破，再怎么努力都是白费。就像跑步一样，方向不对，再怎么拼命奔跑，也无法到达终点。

人们的大脑被很多条条框框约束着，想要成功，就必须打破它们。

虽然传统的思维模式有很多好东西，但是也有很多"骗人"的东西，不好的那些东西可能会害了你一辈子。

我花了大量的时间和精力总结了一下，常见的错误传统观念有7条。

(1) 鸡蛋不要放在一个篮子里；

(2)短板理论；

(3)"闷声发大财"；

(4)老板与员工关系；

(5)做最热门的产业；

(6)升级论；

(7)企业品牌。

鸡蛋不要放在一个篮子里 PK 聚焦

我们从小就被教育,鸡蛋不要放在一个篮子里,以免一篮子都搞砸了。听起来很有道理,但在如今这个物质泛滥的时代,如果中小企业去做"大而全"的生意,几乎已经没有未来。

我认为未来的世界反而需要聚焦,通过细分定位、单点爆破来成就自己。

很多企业最开始的时候只有一个产品,他们的品牌就等于品类,那时候他们发展得非常棒,比如索尼、三星。当这些企业多元化发展的时候,就面临了定位模糊,业绩下滑的情况。

对个人来说,也是同样的道理。

最初我想把事业做得"大而全"。因为自己在电商方面的经验丰富,所以一开始是做着电商培训,之后看到微商时代的到来,又花了很多时间,把自己定位成一个"微商导师",而在做的过程当中,又遇到到了很多实体店老板以及直销人、保险人,于是我什么都想"插一脚"。那段时期,自己非常累,收获的却与我付出的不成正比。

最后通过实战，我发现了一个核心问题，其实各行各业都是相通的，我没有必要亲自进入各行业当中，花大量的时间，学习每一个行业的知识。我只需要聚焦"营销"二字，把营销玩透彻，把人性研究透彻，就可以了。

于是，我就开始了疯狂的实战。这反而让我越做越好，不仅累积了财富，还收获了一起并肩前行的学员、粉丝。

短板理论 PK 拼版理论

相信大家都听过木桶装水的故事，一个木桶能装多少水，取决于木桶中最短的那块板。但今天，我要颠覆你的认知。

"短板理论"告诉我们，应该花时间去弥补自己的短处，听起来似乎很有道理。但在这个高速发展的时代，你有多少时间去弥补短板？即使你真的花了很多时间去弥补短板，又怎么能确定自己弥补过后的短板，一定比别人的木板长呢？

我擅长心理学、擅长营销，假设我的木板有10米，然后你在创业之初，发现营销是你的短板，于是，你花了1年、2年、3年……甚至更久的时间，靠自己的力量去摸索，把自己的短板补长了。但是如果你补了之后的木板长度，只有7米呢？是不是依旧不如我的木板长？

所以，我认为现在是一个拼板时代，你的短板就随它去吧，不要再花时间去补了，只要不拆掉就好。我们可以直接找一块长板拼接过来，一样可以装很多水。

这是一个联合时代，不要想着单打独斗就能创业成功。切记，创业不是为了把自己变得多么厉害，而是为了聚集一群更优秀的人，将事业发展得更长远。

移动互联网加速了事物的发展，所以补短板，不如快速拼板。唯有快速拼板，才可以轻松地获得自己想要的结果。

"闷声发大财" PK 一群人一起赚钱

"闷声发大财"，这个观念已经深入我们的骨髓。很多前辈告诉我们，当我们发现了一个商机，就应该自己偷偷地"闷声发大财"，千万不要跟别人说。甚至有很多的家长，都是这样教导孩子的。

但我从小就不信这套，这个时代闷声发大财已经不行了，如果什么东西都自己独自享受，那么我们的格局、胸襟就会极其有限，逐渐地你还会固步自封，沦落到闭门造车的地步。

更何况这个世界没有几个人是傻子，我们老是找别人索取，而不去分享、不去给予，时间久了，自然也没有人愿意跟我们分享，为我们分担。

所以，闷声发大财还不如一群人一起赚钱。"独食难肥"这个成语，用在商场上真的是再恰当不过了，唯有大家互利共赢，才有机会一起壮大，如果只是单打独斗不与人合作，事业就很难有所发展，企业规模自然不会变。

瑶家班师门

就像我在"瑶家班"群中对学员所说的那样:"师父,就是拿来超越的!"

只要是我会的,我会倾囊相授,甚至逼着学员去学习、去实战,这也是"瑶家班"学员能做出这么多"大结果"的原因。

虽然不排除有一些人,的确偷偷赚了很多钱,但在我看来这没什么可骄傲的。

从我开始在移动互联网创业的第一天起,我就爱上了分享。

2015年~2018年,我至少帮助了500位朋友多赚了几十万到几百万不等。直到现在也是一样,我所有的项目都对外开放,甚至将营销方法统统都教给大家。这也是我的事业越做越好的重要原因。

所以，请相信未来一定是一个共享的时代，一群人一起赚钱，绝对比一个人赚钱更加的轻松、也更加的开心，取得的结果也自然会更大。

老板与员工关系 PK 联合合伙人关系

创业在中国到底意味着什么？大部分人的思想观念里，就是自己当上CEO，然后公司有几百号员工以及赚不完的钱。

不知道大家有没有发现，现在的90后都不喜欢打工，而且不好管理。老板希望他像做自己的事业那样，对公司的事情负责，他会说："凭什么？"

创业成本、管理成本越来越高，如今这个时代，已经不适合大量聘请员工了。

我虽然有三家公司，但可以相当于没有员工。我的三位助理都是公司的股东，我和我的学员一起赚钱，一起创业。联合合伙人关系也是移动互联网商业形态，未来发展的方向。

我有一位好朋友叫鲁东升，外号"鲁大师"。每年赚几百万，公司也没有员工，和他一起奋斗在一线的伙伴，全是他俱乐部的会员。其实，这种模式才是创业最该有的"轻资产创业模式"。

微商行业也是一样，从2013年进入大众视野开始，一直饱受质疑，直到现在才逐渐被正名，正式纳入电商法"电子商务经营者"范畴。这股快速崛起的力量背后,最重要的其实就是人与人之间的关系,发生了变化。

很多微商团队长,他们在现实生活中可能在做文员、做设计、做库管、做财务……他们本都是社会中平凡的一员,但在这个新兴的行业中,在这个充满无限机会的时代,他们也逐渐变得不再平凡。

他们慢慢地有了自己的代理,有了追随自己的粉丝,彼此成了合伙人关系,你中有我、我中有你,而且身份平等。他们不仅拥有了一呼百应的力量,收入也变得多元化,还得到了更多社会的认同感、成就感。

做最热门的产业 PK 细分市场

相信大家都有这样的体验,在报考大学的时候,大家都会讨论读什么专业。我记得当时我报考大学的时候,计算机和电子商务是最火的,于是一堆人报考这些专业。

之后的电商行业也是这样,很多老师教你选择的时候,都告诉你要选市场容积最大的那一块去做,他们的观点是:在大市场里吃到一小块,也比在小市场里吃到的多。

听起来很有道理,但是我们要知道,热门的不一定是最好的,我们要选择适合自己的。就像报大学、选专业、选品一样,开创事业最好还是选自己感兴趣,并且擅长的,千万不能看到什么项目热门,就盲目地做。

盲目跟风，会产生什么影响呢？

比如，村里有一个人做包子，一年赚了40万，第二年全村的人都去做包子了；镇上有一个人做淘宝，一年赚了50万，第二年全镇的人都想着做电商；后来大家又发现县城里有一个人做微商，卖面膜赚了钱。信息流出后的一个月内，多了几千个微商。但是除了刚开始做的人赚了钱，其他人都血本无归。

不管是实体创业者，还是微商、直销人，很多人根本没有主见。大家说"某某事业能赚钱"，很多人就一股脑地去做了，也没想过是否适合自己，结果可想而知就是失败。

所以，竞争越来越激烈的今天，细分市场反而可以让你过得更加逍遥自在。我之前服务过一位合作商是做劳保鞋行业的，他也是一个电商卖家。虽然他的生意不是类目第一，但一个月也有50万的销售额，利润就有十几万，而且员工只有4个人。既轻松又赚钱，这样不是挺好吗？

升级论 PK 降级论

"人往高处走，水往低处流"，多么经典的一句话。从小我们就以第一为目标，大家每天也总是在盼望升职加薪，一切的愿望都是升级。

我提问，是不是走得很辛苦？是不是特别累？

既然这么累，为何不换一种思维？我们站在一群大学生旁边，自然可能不是最高的那个，但是如果我们站到一堆小学生旁边，我们一定是最高的那个。

升级固然没有错，但金字塔顶尖端只能站下一个人，那么多人都在向塔顶跑，我们如何确信自己能成功站到塔顶呢？

适当地降级，能帮助我们树立自信，及时止损。做生意也是一样，我们不一定要以上市为目标，不一定要每年赚多少亿才算成功。总是追逐过高的目标，不仅会让我们身心疲惫，还可能会让企业陷入困难。

企业品牌 PK 个人品牌

每个创业者都有一个品牌梦，但是大多数人都想发展企业品牌，这种情况导致中国的百年品牌寥寥无几。

如今让人耳熟能详的世界品牌，很多都是人的名字：福特汽车、香奈儿、迪奥、戴尔、梅赛德斯奔驰、麦当劳……

为什么会这样？记住，是人就有温度、就有个性、就有故事，有故事就可以流传。可能有人会说，很多企业也有故事。但从人性的角度来讲，把一个故事赋予在企业身上，没有把一个故事赋予在一个人身上的效果好。

如果我们用心观察，就会发现做得大的企业，都是赋予个人故事的品牌。比如阿里巴巴、苹果、小米等。大家提到这些品牌的时候，都会下意识地想到这些品牌的创始人。

所以，现在所有企业的CEO都要出来开发布会，在各种媒体上露面。并且，目前做得好的公众号都是以个人定位的公众号，不管是逻辑思维、咪蒙、鬼脚七,还是玩车教授等。

很多人现在眼中看到的还仅仅是智能手机、微信的时代,但我希望,大家把目光放长远些,去思考紧接而来的是什么时代。AI时代? VR时代? 万物智能时代? 如果那个时代来临,你还停留在实体店、电商、微商的阶段,那么就注定会被淘汰。

企业的品牌可能会随着一个时代过去,渐渐没落,但是个人品牌不会。不管我们生产销售什么产品,只要个人品牌还在,就能利用品牌影响力吸引消费者。

营销策略篇——揭秘业务中的声东击西

第八章

声东击西策略的结构解读

本章会向大家分享一个提升价值感的策略，俗称声东击西，这个策略能帮助我们的"主营产品"设计"逆转销售产品"。

如何理解这个策略呢？非常简单！假如我们的主营产品是A产品，按照这个策略的逻辑，我们就可以增加一个低成本的B产品，然后极力塑造这个B产品的价值，并向客户推荐B产品，告诉对方只要购买B产品就送A产品。

以下为大家呈现几个案例，以便大家进一步理解这个策略的使用方法。

仅仅两步，让广告位一售而空

案例一：装饰雕花业务的声东击西。

李总开了一家广告制作公司，主营雕刻机做装饰的雕花业务。他本来准备向装修公司推荐自己的服务，可是市场竞争无比激烈，很难有差异化，自然无法吸引装修公司的注意。所以，业务推广举步艰难。

他听了我给出的声东击西策略之后，便开始为自己的主营业务寻找前置"吸睛产品"。他发现，当地有一家发布装修消息的网站，该网站虽然有一点人气，但广告位始终卖不出去，局面非常尴尬。于是李总跟网站负责人取得联系，达成了合作。

他们采取的销售策略是：

（1）包装网站广告位，极力塑造网站广告位的价值，并定价为3000元/年。

（2）找到装修公司，销售网站广告位，并告知对方，3000元不仅可以获得一年的网站广告位，还额外赠送3000元的装饰雕花业务。

仅此两步，就让广告位一售而空！李总只要将收回的钱，按照一定比例给装修网站分红即可。同时，李总的装饰雕花业务，也顺利引起了各大装修公司的注意，为以后的合作做了铺垫。

从李总这个案例中，我们可以看出：不管是单独推销装饰雕花业务，还是卖网站广告位，都很难实现成交，可是两者相结合，就能发挥巨大的威力，促进销售。

要注意的是，如果这个策略反过来用，就不会有太大的效果。比如，做3000元装饰雕花业务，送3000元的网站广告，这个主张并不一定能促进销售。因为，这个策略的核心在于后者一定是刚需产品，或拥有具体衡量标准的高价值产品。

宾馆与按摩馆巧妙联赢模式

案例二：宾馆与按摩馆"亲密握手"的巧妙营销模式。

宾馆120元/晚的房间，极少人入住。按摩中心30元/小时的中式按摩，生意非常惨淡。我通过运用声东击西策略，让宾馆和按摩中心的生意都呈现了爆炸式增长。

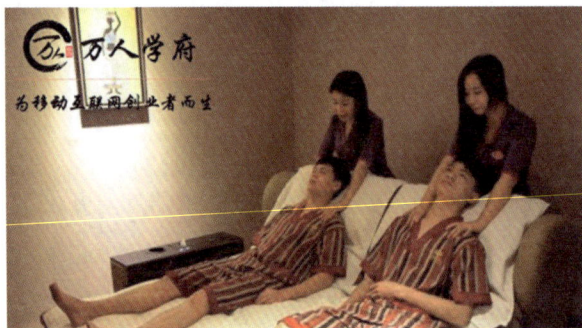

第一步、宾馆房间提价30元，也就是150元/晚；按摩提价30元，也就是60元/小时；然后在宾馆内极力塑造按摩体验的价值；

第二步、宾馆推出销售广告——皇家级住宿享受，150元/晚的贵宾房，赠送60元/小时的经典中式按摩服务；

第三步、宾馆从收取的150元中分30元给按摩中心，相当于宾馆还是按之前120元/晚的价格出售房间，而按摩馆也同样收到了原本30元/小时的按摩费。更重要的是，此举让消费者感觉自己占了便宜——花150元，得到了210元的服务（房费150元+按摩60元）。

这个策略真正地实现了宾馆、按摩馆、客户三赢的局面。

按摩器畅销背后的秘密

案例三：振动按摩器爆卖的营销策略。

这个案例来自社群学员——彭梓杰。

梓杰当时选择了销售手提式的振动按摩器作为挖掘第一桶金的项目。信心十足的他，进购了两万元的货，然后疯狂地发广告、沿街推销……结果一个月下来，只销售出去几台。

在迷茫困惑的时候，他加入了我的培训班，成为我们的VIP学员。

之后，我为他提供了销售策略，仅仅几个步骤，就让他在一个星期内将所有的货销售一空，从而大赚一笔，挖掘到了自己的第一桶金。

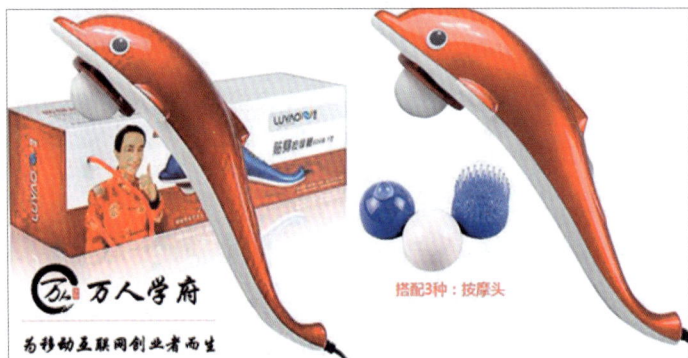

具体的核心操作步骤如下：

首先，我让梓杰到淘宝进购了一批自动发热的止痛药贴(批发价为2元/贴，市场单品价为10元/贴)。然后制作止痛药贴的宣传单，在菜市场向中老年人派发，并大力宣传止痛药贴的功效与价值。最重要的是在宣传单上面注明：持此宣传单，可免费领取一盒价值10元的特效止痛药贴！

之后，客户上门免费领取药贴时，我们就教他们如何通过按摩点压穴位，一定要反复强调"按摩点"的重要性，并引导大家，配合药贴使用，能更有效地治疗疼痛。同时，使用大量的客户见证，来证明配合药贴按摩穴位确实有功效。

这时，我们就可以引出振动按摩器，详细说明按摩器代替手工按摩点穴的好处，这样能更轻松地说服客户购买振动按摩器。

如果客户犹豫不决，我们就告诉客户现在在搞活动，只需要购买两个疗程的20贴止痛药贴，就能免费获得价值198元的振动按摩器。我们还要强调本次活动振动按摩器的数量有限，赠完即止，先买先得。

最后拿出事先准备好的订购单(上面一定要有很多抢购者的签名)，让客户签字下单。

别看流程简单，梓杰就是运用了这样一套策略，让振动按摩器实现了爆卖。

振动按摩器成功爆卖，背后的营销秘诀是什么?

秘诀一(关键步骤)：使用低成本、高价值，且符合目标客户需求的"止痛药贴"，作为"引流赠品"，吸引大量目标客户。

秘诀二：塑造药贴功效价值，并使用大量客户见证，获取客户对药贴的信任，刺激客户的购买欲望，为接下来销售止痛药贴，做强有力的铺垫。

秘诀三：通过配合药贴按摩穴位的使用方法，引出振动按摩器。并将振动按摩器这个主销产品，当作赠品来赠送，制造更大的销售推动力。

秘诀四：通过描述赠品数量有限，来制造出产品稀缺性，实现饥饿营销。在此过程中暗示客户购买的人特别多，制造出紧迫感。

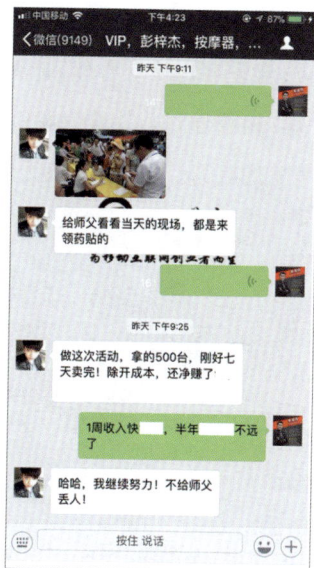

秘诀五：通过展示订购单上大量抢购者的签字，制造羊群效应，激发客户从众心理，让客户彻底抛开疑虑，马上签字买单。

相信通过以上3个案例的分享，你已经感受到"声东击西"策略的威力。那么，赶快为你的生意，设计一套策略吧。

第九章

营销案例——揭秘案例背后隐藏的神奇战术

不为人知的辛酸与陷阱

我认为,移动互联网时代的确给了大家机遇,也给了草根一个逆袭的机会。**但是在机会当中,也夹杂了很多不为人知的辛酸与陷阱。**

例如,家人、朋友不理解;上家跑路,被上家骗钱;囤了一大堆货卖不出去;出不了货还被骂是传销;企业、店铺资金周转困难,发展举步维艰。我相信大家对此也会有很多感触,可能还会联想到身边的亲人、朋友、同事,甚至是自己。

其实,移动互联网时代,微商本应该是一种全新的生活方式。但是近两年来乱象频生,各种培训、各种大咖、各种鸡血成功学,侵蚀着我们的朋友圈。

许多所谓的大咖只会一味地发展代理,让代理囤货,却无法帮助终端代理出货。可怜的代理们,只能眼睁睁看着自己用血汗钱换来的货品烂在手里,最后不得不黯然退出微商业界。虽然很多人都会安慰自己:"人生总要经历几次失败的,毕竟失败是成功之母。"事实上，大家都是大咖团队的牺牲品。

　　我之前受邀给许多团队和企业做内训，但我发现其实在很多团队中，带头的老大对自己的产品都了解得不透彻。之前我跟一个团队老大聊天，从中得知，一款产品发展代理，居然可以发展到12级。可以想象这个团队报给终端代理的拿货价一定很高，这种情况下终端代理怎么可能把货卖出去呢？

　　还有更糟糕的情况，就是团队运作的产品本身就是有副作用的三无产品，可大家根本分辨不出来。如果我们代理这种产品，就相当于透支自己身边的朋友圈、透支着自己的人脉，来推广有副作用的假货。这样的团队只想着赚短线的钱，却丢掉了最重要的良知。

　　所以，在这些年的创业过程中，带给我最多感受的不是财富的累积、人脉的拓宽，而是每一位学员以及移动互联网创业者的

经历。因为我能深刻体会到他们的辛酸和艰苦，所以我几年如一日，一直坚持做教育，就是希望能给予他们一点帮助。

我希望能教会大家顺应人性的营销精髓，在移动互联网中"求得真金"。

很多学员都说我是大咖，但我自己从来不这么认为。我只是一个崇尚营销、崇尚实战，愿意付之行动的移动互联网创业者而已。

接下来我会从"锁客策略"开始，逐步深入地解析之前做过的实战案例。你会发现，做生意、做移动互联网创业，还可以有这么多颠覆性的做法！原来一直是自己的固有思维，限制了自己的发展！希望各位学会举一反三，将这些策略思维和方法合理地运用到自己的项目上。

理发店3个月内逆天改命的案例解析

2017年5月，我在"千人峰会"上讲述了一套关于传统实体店营销的16种策略，一位名叫杨文旭的理发店老板加了我的微信，急迫地找我求教。

他在成都的一条商业街附近，开了一家理发店。以前生意还不错，但是这几年周边的竞争对手越来越多，他的生意一日不如一日，快撑不下去

了，希望我能给一些有用的建议。因为当时我也正处于营销疯狂实战期，所以就答应了他。

文旭的店铺有70多平方米，装修不算豪华，离商业街很近，但周边500米范围内，大大小小的理发店就有十几家，竞争非常激烈。我思考了1个小时之后，给他策划了一套方案。

3个月之后，这家濒临倒闭的理发店，实现了逆天改命，每天客流不断，利润还增加了30倍。

这套方案具体是怎么样的呢？

首先，请大家回想一下，平日里我们去理发店，都会遇到什么样的情景？

当我们进入一家理发店，店员会问你是洗头、剪头、还是烫头？然后店员会先带你去洗头，在洗头的过程中，店员除了跟你聊天，还会问3个问题：

（1）先生/女士，您用什么洗发水？我们有××洗发水，××洗发水，还有……

（2）先生/女士，您有熟悉的

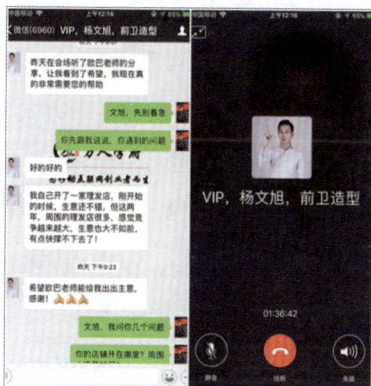

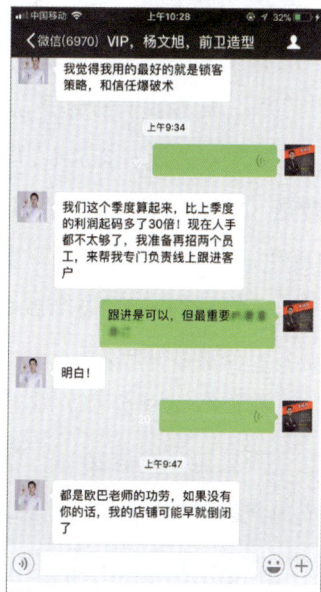

发型师吗?

(3)先生/女士,您有我们这里的会员卡吗?

由于理发店普遍采用这种方法去推销店内业务,久而久之理发店老板都开始跟风使用,其实,这种营销方式是错误的。

一位客户从进门的那一刻起,就一直被迫接收推销讯息,那么他的内心就会产生不安、抗拒的情绪。大部分人到理发店洗头是为了享受,可这种营销方式,会让客户连洗头时,都无法放松地闭上眼睛休息。

所以,我让文旭在营销方式上做出了调整:

(1)店员只聊天,不推销,让客户在洗头的整个过程中,都感觉到舒适、放松。发型师也是一样,别问客户要不要染发、电发,只通过聊天让客户感觉放松就可以了。

(2)出其不意,给客户惊喜。

我让文旭店里的收银员,在客户买单的时候先问一句:"先生/女士,您有我们的会员卡吗?"

如果对方没有会员卡,那么收银员会说:"好的,您本次的消费是××元。"客户即将掏钱付账的时候,收银员需要补上一句:"先生/女士,其实今天您享受的服务是可以全部免费的。"

这时,客户的注意力就会被吸引,心里可能会想:什么? 免费? 有什么条件吗?

然后收银员就可以接着往下说:"您没有听错,千真万确。您今天只需要充值200元,就可以获得一张我们店铺的会员卡,成为我们的VIP客户。同时,您今天享受的服务完全免费,会员卡里的200元并不会被扣除,以后仍然可以用于店内消费。不仅如此,由于您是尊贵的 VIP 身份,今后的消费一律打 8.5 折。"

进过实战测试,运用这个策略之后,文旭的理发店会员率直线上升,比未采用该策略时增加了 70%。

锁客策略的逻辑基础是客户思维。例如,在这个案例中,我们可以从客户的角度去思考,每个人每个月都会有打理发型的需要,人们会对未来的消费做出预判。并且,大家都喜欢占便宜,充值 200 元就立刻省下 68 元,这太划算了! 这就是人性。

另外,大家要注意的是:为什么是充值 200 元? 因为 200 元和 68 元差距不远,而且 200 元确实也不贵,大家都能接受。但如果一次性要充值 1000 元,才能省下 68 元,那么成交率就会大打折扣。

可能有人会想,这样一来,这一笔 68 元的生意不就相当于白做了? 理发店不就亏了吗?

其实,文旭的理发店一点儿也没亏,反而赚了,为什么?

第一,除去员工工资,理发的成本是很低的。因此理一个客户的头发,利润很高。

第二,如果对方没有办卡,文旭只能从一个客户身上赚 68 元,并且只能成交这一次,很难产生复购。但如果对方成为会员,那么文旭就相当于锁住了对方今后的消费。虽然我们会给客户打 8.5 折,但对方来一次,我们就赚多一次钱。

而且,客户会下意识地到我们店里继续消费,因为对方觉得自己的会员卡还有钱,不消费就亏了。哪怕附近的理发店比我们店里的理发师技术好 10 倍,对方也不会再去尝试,因为,我们已经培养出了客户消费习惯。

人性有很多"漏洞",做营销就是顺应人性,做到了这点,赚钱就会变得相对简单、轻松了。

第三,客户花200元成为VIP,我们给对方免费了68元,看上去亏了,但这个操作反而提升了对方第一次消费的金额。大家都知道,一间店做不下去,不是因为现在没赚到钱,而是因为现金流断了。只要现金流没断,公司就可以持续运转。

同样道理,VIP策略相当于提前锁住了客户的钱,保证了自己的现金流,让自己有更多的主动权。哪怕对方成了VIP之后再也没来消费过,VIP卡里剩下的钱也是我们的纯利润,我们只赚不赔。

第四,在这个策略里,我还为文旭今后继续追销客户埋下了一颗种子。因为客户不可能每次都刚好把200元花完。所以,在最后一次消费的时候,卡里总会剩余一些钱,客户就会考虑继续充值。

这个时候,收银员就要告诉客户:"因为您是我们的VIP老客户,所以如果您今天充值500元,就可以升级为钻石VIP,我们会额外赠送200元给您。并且,您今后的消费,可以打7.5折。"

因为之前客户已经在店里进行了多次消费,建立了深度信任,培养出了消费习惯。所以客户会更愿意花钱充值,进行更高的消费。

仅仅是运用了锁客策略,文旭的理发店每月办卡率就提升了不少,店铺整体业绩也翻了好几十倍,并提前锁住了大量的现金,让自己充分掌握主动权。

第五,我还让文旭加了所有线下客户的微信。凡是客户结账时，收银员都要说："您好，这是我们店长的微信，加了我们店长的微信就可以无条件领取红包。我们还会将您拉入VIP至尊群，群里每个月都会有免费抽奖拿大礼的活动。"

简单一招，就将所有线下客户的流量导入到文旭的微信个人号当中，方便他进行后端营销。

不管你是传统实体店老板、电商卖家、保险人、直销人，还是微商人，也不管你经营的是什么产品，都可以运用这些营销策略为自己谋求更高的利润。

这个世界上没有卖不出的产品，只有卖不出产品的人。不是市场不景气，而是脑袋不争气。

锁客策略让代理当月业绩暴增 20 倍的案例解析

娜娜是我的学员，也是一名微商团队长。她运用了锁客策略，让代理们当月的业绩暴增，彻底引爆了团队热情，并激活了僵尸代理。

了解我的粉丝和学员们都知道，我是2011年的淘宝百大网商，后来担任了京东商城地方馆运营总监，在京东的时候带团队操盘过近30种不同品类的产品，Sku(产品库存)不低于1000种。我也将很多电商思维，直接嫁接到传统企业以及微商团队中。

在微商行业中，很多团队长其实并不懂营销，也不懂电商思维、跨界思维，甚至只是因为打款比较爽快，就拿了一个比较高级的代理资格。他们在没有任何带团队经验以及销售经验的情况下，硬着头皮就上战场了。团队长是火车头，火车头都不行，代理肯定跑偏，结果也就可想而知了。

娜娜的团队代理商有近1000人，与她沟通的过程中，我发现她其实不太会带团队。她主要是依靠手下几个能力比较强的总代，苦苦支撑着整个团队，业绩不温不火。

于是，我给娜娜策划了一个简单的营销方案。

第一步，选择一款"吸睛赠品"，用这款赠品吸引客户的注意力，不要直接推销主打产品。

当时正是深秋时节，气温开始降低，于是我让娜娜采购了一款暖手袋作为赠品，免费送给客户。随着天气越来越冷，大家都在准备防寒装备。这个暖手袋外观非常可爱、好看，特别讨女孩子的欢心，更重要的是有免费送当噱头，自然引起了大量好友的

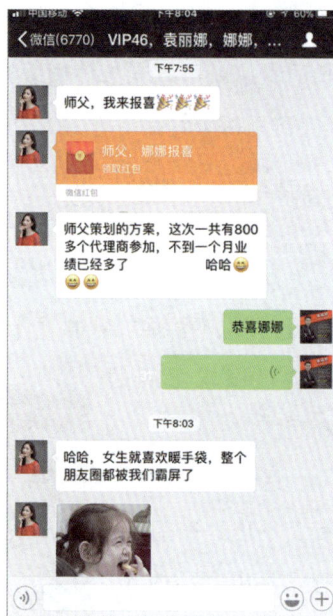

注意。

娜娜的代理发了朋友圈，立刻吸引了很多好友来咨询。仅仅是这一步，就让很多很久没有动作的"僵尸代理"跟着参与到了活动中。

第二步，话术跟进。我让娜娜教她手下的代理，当好友来咨询时，先发一个咨询情况火爆的截图，然后说："亲爱的，这么多人咨询把我炸晕了，你头像这么好看，我决定先回复你。"

对方一定会问："你们这是什么活动？"

代理回答："亲爱的，现在天气慢慢变冷了，每次一到冬天，我的手都会被冻伤。所以我们××品牌专门推出回馈会员活动，凡是我们××品牌的会员，都有机会免费获得一个暖手袋。这款暖手袋在天猫卖100多元呢！如果你喜欢的话，我可以送你一双。"

这时，代理已经获取可客户的好感与信任。

之后，代理继续问："亲爱的，你是要熊爪款还是龙猫款呢？每天送出去的暖手袋数量有限，我先替你定下来，不然我怕送光了。"接着把暖手袋款式的图片发给对方，让对方选择。

对方选择完毕之后，代理就可以直接说："亲爱的，快把地址给我，我现在就帮你登记然后准备发货。"

这个时候，对方就会非常爽快地把自己的姓名、地址、电话都发过来。

等这些话术都讲过一遍后，我才让娜娜的代理讲规则，也就是到了最后一步——收钱环节。

第三步，我让代理告诉客户："亲爱的，我帮你抢到暖手袋了,但是我之前跟你说过,这次活动是我们××品牌为了回馈会员举办的。只有在我这里消费满1000元的会员才可以免费获赠一个暖手袋。我查了一下,亲爱的你还不是我们××品牌的会员,不过既然我已经帮你登记了,我就给亲爱的一个福利。你在我这里存80元会员费,我就直接包邮把产品送给你。你放心,以后你在我这里买任何产品,这80元都是可以抵扣现金的。"

这时,很多客户就会想:这款暖手袋在天猫卖100多元,我哪怕花80元买,我还是赚了。而且我这次存80元会员费,就能免费获得一个暖手袋,以后还能用这80元买点别的,太划算了!

可能很多人会觉得,花那么高成本做这样一次活动,微商团队岂不是亏大了?

其实,如果暖手袋一次性采购的数量足够多,我们就能从批发商那边获得优惠价格。这次活动中,娜娜团队采购的暖手袋,一个才25元,再加上快递费8~10元,成本不到35元。通过这样的方式转化一位潜在客户,让对方花80元成为我们品牌的VIP,不仅稳赚不赔,还锁住了客户今后的多次消费。

各行各业的经营者们,都可以运用这样的策略,来提高自己的业绩。

经营惨淡的诊所起死回生的案例解析

这个案例是我在2017年接的咨询案,我用了6个步骤让一家经营惨淡的牙科诊所起死回生,实现客流不断和利润的3倍的增长。

这家诊所的经营者叫李庆，家在四川绵阳。2017年5月，她听了我的线上课程后，就买了我的书学习，并且加了我的微信。

2017年7月10日，她突然在微信上找我聊天，说她经营的诊所最近生意越来越差，每个月销售额才1万元左右，急需扭转局面，否则诊所可能无法支撑下去。她希望我能给她一些建议，保住她和她先生的事业。

为了感谢她对我的支持，我决定帮她这个忙。

我向她详细了解了诊所的现状和之前的运作情况。

诊所的位置在绵阳，是一家老牌诊所。它从1996年父亲那代开始经营，主要业务有洗牙、拔牙、镶牙、补牙等。拔牙利润一般，镶牙利润较高，但是没有复购，因为镶完一口牙，十几年都不会出现问题。

诊所的铺面是自己家的房子，不用交租金，每个月1万左右的营业额勉强可以支撑诊所的经营。但周边新开了几家诊所，一直在抢他们的生意，这样下去，诊所恐怕难以维持。

于是，我给她策划了一套让诊所在一个月内起死回生的营销方案。

第一步，购买一套会员卡管理系统，然后设计一张150元的高端VIP洗牙充值卡。

因为李庆的诊所，现在面临的问题是客户稀少。所以，我们先要设计一个"鱼饵"产品，吸引精准客户。

我们在这张卡里面预先充值150元，然后把这些卡投放出去。客户凭这卡到诊所，可以直接洗牙。在此之前，洗牙的定价要改为128元，这样用户凭卡消费完，里面还会剩下22元。

有的人会认为，现在洗牙普遍价格为几十元，如果我们定价为128元，根本吸引不了客人。但是我这样定价，根本就没有打算单纯地销售这项服务，而是为了设计"极致诱饵"。因为洗牙只需要付出几元钱的人工成本，非常符合"极致诱饵"的定位。

第二步，找周边的茶楼、烟酒铺、夜宵店、餐饮店……把充值卡送给他们，作为他们自己的客户赠品。

为什么要找这些店铺呢？曾经有一位做高端口腔医院的朋友告诉我，最开始她的口腔医院没什么客流量，因为消费很高。后来她找到了一个突破口，赚了很多钱，这个突破口是什么？

原来她跟一家有几百名员工的企业老板成了好朋友，然后她就做了一套价值300元的洗牙卡，让这位老板当作员工福利发给员工。之后这几百位员工就陆续拿卡去洗牙，嘴巴只要一打开，全是毛病！

现在绝大多数的人牙齿都有蛀牙、智齿、牙缝大、牙齿不整齐等问题。特别是长期抽烟、喝茶、吃夜宵的人牙齿内侧最容易发黄、有茶垢、烟垢。

所以找餐饮店合作，客户就会非常的精准。凡是在吃饭的时候，以及饭后需要用牙签的人，牙齿一般都不好。所以，如果送给这些客户一张价值150元的洗牙充值卡，他是不会拒绝的！

用了这一招，就可以让李庆借力周边店铺流量，给自己的诊所导入客流量。

而且周边的店铺把充值卡，当作赠品提供给他的客户，也增加了产品本身的价值，提高了服务水平和竞争优势。

之后，李庆只需要让这些老板对客户说："这个地方洗牙不错，我朋友开的，我充值了几张，专门送给我们这里像您这样的优质客户。卡里面有钱，您可以直接去洗，钱会从卡里扣。"这样一来，老板特别有面子，客户也会觉得自己被重视了。

第三步，我让李庆在店内多设计一些凸显诊所专业性、凸显诊所老字号的特点的物件。这样做是为了跟自己的新对手制造差异化。

新开张的牙科诊所，广告文案一般都是突出自己干净整洁、设备先进、技术一流之类的优势。而在这一方面李庆的店铺比不过人家，所以我们就要从另一个角度定位自己，突出自己历史悠久、技术成熟稳定的优势。

那么，如何让用户一进门就感受到这些呢？这就需要我们在诊所里布置一些东西，例如证书、奖牌、历史客户合影相片墙等。**服务与穿着都要让用户感觉到专业、靠谱。**

第四步，客户凭卡到店里免费洗牙，我们要用心服务，体现出专业水准。

我告诉李庆，客户拿着卡过来消费一定要高兴地迎接，不要因为是免费的，就苦脸相对。

其实，这是实体店的通病。我有一个开餐厅的朋友，他在美团外卖上推出了一些套餐，吸引了很多客户到店消费。但是因为这些套餐不赚钱，所以他的服务态度不好。客户觉得他不尊重自己，就没有后续消费了。这样一来，活动就等于白做了。

所以，经营者们一定要记住，服务是自己的又一大门面，必须要做好。

99%的生意只要利用好营销策略,根本不可能亏本。例如李庆这个案例,一张卡的制造费才1.5元,发1000张就是1500元。如果有10%的客户过来洗牙,就有150人,每次洗牙人工费是5元,总共也就750元,所有成本加起来一共2250元。这2250元,不但为李庆的诊所带来了成倍的利润,还制造了长尾效应。

第五步,洗牙过程中,发现客人的牙齿问题,然后针对性地给出专业意见。

大部分人的牙齿都会有各种各样的问题,只要我们能结合客户情况进行针对性的询问,客户就会自动求教。

例如,"朱先生,我看你这边的牙缝比较大,每次吃纤维类的东西,比如瘦肉、金针菇、韭菜的时候,是不是觉得很难受?""刘小姐,我看你右下颌的位置多了一颗智齿,是不是偶尔会酸痛?"

试想一下,如果是你躺在口腔诊所的工作台上,穿着白大褂的医生这样问你的时候,你是不是通常都会问:"那怎么办?"

这个时候,医生只要站在专业角度给出意见,客户自然会问:"医生,多少钱?"

结合上面的例子,当客户询问价格时,我们可以回复:"朱先生,根据你的情况,如果今天补上牙缝的话费用是280元。因为你的充值卡里还有22元,所以今天你只需要248元就可以完成补牙。"

如果150个客户中,有100个有其他口腔问题,而其中又有50个采纳了医生的意见做了治疗,我们基本就能获取较高的利润了。

方案到这里,已经解决了80%的问题,但还不够。

因为这个行业是一个复购率低、复购周期长的行业,而且我们也不能一直让别人提供客户流量,所以我们需要创造自主循环的"造血"功能!

第六步,再送到店客户一张同样的卡,有效期为1个月,让客户送给朋友。

每一个来到诊所的客户,都加上医生的微信。然后再送3张128元面值的洗牙券,这个券只能洗牙,让客户当作礼物送给身边的朋友,给诊所带来更多的精准客户,这也是一个裂变的过程。

可能有人会疑惑:如何能确保客户会帮忙赠送?

原因有两个:

(1)如果诊所表现专业,并且服务到位,那么体验过的客户自然会对诊所产生好感与信赖;

(2)自己留着也没用,一个人一年洗一次牙即可,而这个券的有效期是1个月,所以还不如送出去,或者让家人来洗。

我把每个案例都细致地解析一遍,是为了让大家树立起一个核心观念:所有的营销策略,都必须要结合人性,并环环相扣。

该案例中运用的营销策略,不仅适合牙科门诊,同样也适用于其他实体项目和微商产品。

水果店一周内回笼 50 万元资金的案例解析

　　2016 年，北京微商博览会在北京国家会议中心举办，其间，我结识了做水果生意的 CEO 张朝阳。

　　张总为人很有气度，吃饭聊天的过程中，他说自己准备开水果连锁店。我对大投入的实体项目，通常都比较谨慎，由于张总为人不错，又是我老友的熟人，所以我就多问了几句。

　　"张总，您的水果店准备开在哪里？商场、路边、小区？您的水果店是什么定位，打算卖什么品质的水果，针对什么消费水平的人群？每家店铺你准备花多少钱装修，铺多少货，日常开支多少？开店之后，你如何确保你的客流和现金流？如何确保成功赚钱？"

　　这些问题抛出之后，他有点回答不过来，而且有些惶恐。其他几个朋友看到了，就说："欧巴老师是个营销高手，不如张总你让欧巴老师给你指点指点？"

　　张总立刻回答说"好"，并开始向我咨询。

投资实体项目，我要提醒大家一定要注意3个"要么"：**要么用别人的钱，要么用别人的店，要么开店一个月就能回笼资金，不然风险都会非常大。**

所以，用传统模式开水果连锁店肯定不行。投资一间店需要30多万，然后还要请员工、进水果，之后再慢慢卖，需要卖多久才能赚回30多万的成本？而且其他竞争对手也是这么做的，这就导致水果店本身没有什么特别的竞争力。

思考了一会儿之后，我给张总策划了一套营销方案，朋友们听完都目瞪口呆，当场说要入股，开一家分店。方案落地执行后，张总在一周之内不仅收回了成本，还赚取了20万资金，那么具体是怎么做的呢？

第一步，美味果园只开在8000～10,000人以上的成熟小区。

为什么这么设计？原因很简单，因为水果店开在不同的地方，竞争环境是不一样的。大家试想一下，如果水果店开在路边，我们要怎么知道哪些是水果店的精准客户？我想这很难做到，几乎不可能实现。因为人们的流动性太大，所以我们没办法定位精准客户。

但是，如果水果店开在小区，局面就会变得可控，因为85%以上的客户，都是小区里面的住户，虽然也有流动，但概率会小很多。这样一来，如果我们抓住一个客户，就等于抓住了一个家庭，相对的也更容易形成复购，开发客户的终身价值。

第二步，美味果园的水果定位，以卖高端进口水果为切入点，国产水果为辅。

这样的设计是因为进口水果溢价更高，利润也更高。进来的人群，就对价格没有那么敏感，单次消费自然也会提高许多。

第三步，运用提前收款策略加速资金回笼。

执行好这一套方案可以达到3个效果，分别是：快速圈人、回笼资金、锁定客户。我让张总做了一批宣传单，内容简洁明了，并且可以植入以下几点信息：

(1)试业预存16元，免费送红富士苹果一箱(10个装)；

(2)试业预存100元，免费送黄肉奇异果一箱；

(3)试业预存500元，免费送智利进口车厘子一箱(5斤装)。

苹果一箱原价是28元，进口车厘子一箱原价是398元，黄肉奇异果一箱原价是98元。当我们在小区收到这样的传单，会不会响应？如果是男人，我可能不敢100%确定，但如果是女生，特别是宝妈，一定会去一探究竟。因为水果是养颜又健康的食物，对女性来说是必不可少的，当有优惠活动时，她们的兴趣就会被勾起。

可能有人会觉得，这样做岂不是很亏？当然不是，这样做绝对不亏，并且，可以轻松打败小区里的其他水果店。

大家要明白一个道理，区域市场的战争，"饼"几乎是恒定的。如果我们多吃了，也就意味着别人会少吃，所以谁能锁住客户，谁就是赢家。

这个策略的神奇之处是：获取用户+成交+锁销都是一次完成的。

由于区域较小，当人们收到传单后，走几步就到店里了。充值16元就可以免费领一箱苹果回去，并且16元仍然是自己的钱，可以用于购买其他水果，大家就会觉得很划算。下次还要买水果的时候,自然就还是会选择存有16元消费卡的那家。

客户进店铺之后,营业员会鼓励他们多充值。因为,充值是可以叠加送产品的,比如,充值616元,就可以一次把一箱苹果、一箱进口车厘子、一箱奇异果全部带回家,并且616元还可以继续使用。

很多人就会想:反正以后也要吃水果,先充值了,后面再慢慢消费。而且这次还可以拿3箱喜欢吃的水果,不如这次就充值616元好了。

这样一来,水果店就是获取用户+成交+锁销一步到位了。

那么张总的水果店这样做,到底会不会亏本呢? 答案依然是不会。

因为客户充值的钱,如果不消费,对于店铺来说是纯利润。但如果客户进行二次消费,用616元正价购买进口水果,这笔交易本身就有利润。616元正价购买水果,如果利润是40%,那么就有246元的利润。所以,水果店还是赚到了钱。并且这样的方式,能让自己提前占据主动权。

就这样,张总的水果店开张之后,一周之内就充值了3000多个客户,大大小小的充值金额加起来,一共有50万元的资金。他开店才花了30万,一周就回笼了50万元,如果要按传统的方式一斤一斤地卖,什么时候才能收回30万元的现金?

而且这个策略还没有结束,我让张总搭建了一个公众号系统,然后把客户全部导到云端,客户可以自行在系统里面直接下单,张总提供送货上门服务。并且,系统里添加了一些日常消费品,例如柴米油盐等。让大家在买水果的时候,顺手购买一些日常消费品。

通过这个案例，我想告诉大家一个营销心法，也是孙子兵法的最高境界，叫作"先胜而后求战"。

大部分人做生意都是先战了再说，会不会成功还是未知数，这就相当于在生意的一开始，就为自己埋下了一颗定时炸弹。这个心法就是让大家在项目启动之初，就要考虑好盈利方式，准备充分，再开始着手做生意。

简单三招，把大枣做成爆款的案例解析

总裁班学员陈东鑫，一个卖枣的山东大汉，每天只会在摊位上叫卖，可惜并没有多少人光顾。这就导致他每天都很焦虑。东鑫向我提问："是不是我的地方选错了，还是有其他问题？"

我了解完东鑫的情况后，发现最核心的问题有两个：

第一，食品安全问题。

因为他是在路边进行叫卖，谁都不知道这些大枣有没有质量问题。而作为食品来说，质量和安全问题最为敏感，也是人们最关心的。现在越来越多的食品安全问题威胁着人们的健康，客户自然不敢随便购买街边叫卖的食物。

第二，诚信问题。

如果没有与客户建立信任，东西是很难卖出去的，这也是人性。人们在潜意识当中，对自己没尝试过的事物总会觉得不踏实，一定要看到别人先做了，自己才会去跟着行动，才会去购买。

所以，如果能把这两个关键性的问题解决，东鑫的枣肯定会

卖得很好。毕竟枣是很好的东西,中医上讲:一天三枣长命不老。之后为了帮助到东鑫,我自己出钱买了东鑫的大枣,也想通过实物,具体了解一下东鑫的大枣。

我收到东鑫的大枣后发现,他卖的大枣,确实还是不错的。个头大、有色泽、口感好。确定了东鑫大枣的品质没有问题后,我给他制定了一套方案。

第一步,做一个广告板,在广告板上写:免费试吃山东大枣,不好吃不要钱!另外,可以拿个小喇叭把这句话录制进去,循环播放。人们都十分在意别人的看法,如果试吃了大枣之后,觉得东西很好吃,自己就会不好意思不买,而且大枣不贵,试吃过的客户大部分都会愿意掏钱付账。

第二步,告知客户,每天前30名购买大枣的客户,都会免费加赠一包,也就是十元能买到三包,这对消费者来说是很有诱惑力的。为什么这样做呢?原因很简单。因为就算你不送,消费者也一定会杀价,那还不如直接以赠送的形式给他们,反而降低了议价的可能性,并且可以提升成交率。

第三步,善用客户见证。我告诉东鑫,我们要主动送一包给对面卖菜的人以及周围的商铺老板,这些人收到大枣以后肯定会很高兴。

然后在售卖过程中,台面上不要放太多的大枣,留出30%的空间。

当客户来买大枣时,就告诉客户说对面卖菜的摊主和周围商铺的老板都买了好多,现在还只剩下这些了,再不买就没有了。

消费者听了就会想:对面卖菜的摊主和周围商铺的老板都

买了,那么这大枣的质量一定可以。这个举动就能在潜意识中打消客户对产品质量的顾虑。

很多人认为路边摊没必要进行锁客,但是我总喜欢比别人做得多一点,所以还是给东鑫制定了锁客策略。

第四步,当客户来询问大枣时,不管对方有没有购买,我们都可以让对方加上自己的微信。留下了客户的微信,哪怕客户当下没有进行购买,但今后我们依然可以通过微信对客户进行追销,并在群里收取自己的会员。

会员方案是:

只需要99元即可成为"东鑫大枣"终身会员,并获得以下福利:

(1)成为会员后,购买"东鑫大枣"终身享受8.8折优惠!

(2)成为会员后,赠送精品大枣一包,马克杯一对,并且包邮!

(3)凡成为会员,可获得价值198元环球影视名额一个(影视网站包含37家视频网站VIP电影,全年免费和家人看大片!)

东鑫拿到方案后,就立即去执行了,结果20天时间售出了600包大枣,并且收了近300个会员,利润破3万元。

在这个案例中,我们可以总结出几个核心要点:

第一,零风险承诺。只有你为你的产品承诺得越多,你的成交才会变得越轻松。如果自己都不敢承诺自己的产品100%没问题,又怎么销售?所以无风险承诺是为了给消费者吃定心丸,也是在给予消费者信心。

第二,超级赠品。人性最基本的需求就是,永远都喜欢占便宜!特别是一些家庭主妇、宝妈们,在她们的认知中看到有这样的"好事"时,脑袋里想的不是自己要花多少钱,而是自己能节约多少钱。因此，当她们看到有"大便宜"可捡时，就一定会为之买单。

第三，借力。我们要学会借力卖菜的摊主、周围商铺的老板，借力一切可借力的事物。这样不仅可以解决诚信的问题，还会制造出羊群效应，让自己的生意越做越红火。

年利润翻了 5 倍的母婴店的案例解析

如果把营销比喻成钓鱼，那么赠品就是鱼钩上的鱼饵。我们应该如何利用鱼饵去吸引精准客户与成交客户？

总裁班 41 期学员苏璇在长沙开了一家母婴店，在业绩很差的情况下，我们给苏璇设计了一个赠品策略。我们让苏璇在店口陈列了十分漂亮、精致的女性饰品，比如发夹、水晶笔、袜子、手链等等产品。

然后，在这些产品的上方，写着大大的几个字：今天，你可以"免费"拿走它们！是的，这些漂亮、精致的饰品都是用来免费赠送的。只要客户进入苏璇的店中，花 30 元办一张会员卡，就可以任意挑选一个产品拿走。

同时，以后在苏璇的母婴店里的所有产品，都可以享受会员折扣。当然，客户能够获得的福利还远远不止这些。

我们让苏璇告诉所有进店的客户，成为会员后，每个月都可以在"会员专享周"到店中免费拿走一个会员赠品。这也就意味着，只需花 30 元办一张会员卡，客户每年就有 12 次获得赠品的机会，而且30元还是自己的，今后还可以抵扣购买产品的费用。

客户心里会想：只需办一张会员卡，一年就能拿走12个免费赠品，怎么算都是自己赚了。于是大量的客户受到吸引上门办卡，拿走赠品。仅仅这一个动作，我们就让苏璇达到了吸引客户眼球、锁客与提前收款的目的。

客户每个月来店里拿走赠品时也会看一下店里的其他产品，因为女人天性就爱逛街、爱购物，免费拿了别人的赠品，在店里多逛一逛才能更加心安理得。看着看着，这些客户就开始掏钱了。原本免费拿了那些赠品，客户心里总想着自己是不是反馈点什么比较好？在其他地方买也是买，那何不在这家店里买呢？受到这种心理的驱使，有很多客户都会选择进行消费。

我们让苏璇把所有进店客户的微信都留下，在微信中建立自己的会员群，每个月的会员周，苏璇都会把精美的赠品图片发送到群内，还会私发到会员微信上，提醒会员来领取赠品。

通过实战，我们发现到了每月的会员周，会员不仅会自己过来，还会带上朋友们一起来。这相当于我们用一些小赠品，使我们的客户变成了推广员，帮我们持续地带来新客户。

客户带来的这些朋友，看到精致、漂亮的免费赠品后，也会蠢蠢欲动地想要办会员卡。通过会员卡锁客，再通过社群不断的影响，苏璇很容易就跟会员们打成一片，彼此建立深厚的感情。

最重要的是，客户每年来店里12次，苏璇有足够的机会成交她们，也让客户不会再去竞争对手那里消费。

通过赠品策略，苏璇母婴店老客户回头率达到75%，客户转介绍率达到61%，一年下来的利润是之前店铺的5倍。

后来,很多老客户直接在微信订货,然后到会员周就过去取货,同时领走赠品。

吸引客户、成交客户、客户回头购买、客户介绍、锁定客户消费,这是很多创业者梦寐以求,却一直实现不了的商业路线。我们仅仅通过改变赠品的一个小小细节,就轻松实现了。

很多人把"赠品营销"想得很简单,就是直接理解成客户买东西,店里再另外送一个东西,或者为了吸引客户先送一个东西出去。但真的那么简单吗?

其实,赠品包含3个部分。

第一,售前赠品:吸引客户。

在营销的初始阶段,我们需要用一些赠品或优惠券来吸引客户,我把这一类的赠品统称为售前赠品。售前赠品的主要作用在于吸引潜在客户,通过送出赠品与客户建立初步的信任关系。可人们往往只知道送出赠品,却不知道售前赠品背后蕴含着极大的价值。

在营销中,与客户建立关系最好的方式就是成交。所以如

果我们只是单纯送出赠品，客户很快就会忘记我们。但如果我们在送出赠品的同时，又能成交一次客户，那么客户就会记住我们。所以，成交尤为关键，它会让我们在客户脑海里留下深刻的印象。

就像我们给苏璇策划的方案一样，送出售前赠品的同时也销售了自己会员卡（成交不一定要是你的产品或服务，可以是一张会员卡，一个特权）。

通过微信群后端持续不断地影响，客户对你的认知也会越来越强烈。这不仅能让客户不断地受到提醒，对我们的店印象深刻，还能让客户认为自己在我们的店享有特权。这个操作会再次锁定客户的消费，让自己在竞争对手中形成差异化，客户会因为愧疚感而去回报商家。所以，此时再植入小额产品的成交，成交率就会非常高。

要注意的是，千万不要心急，直接推出高价产品，这样会吓坏客户，反而给成交带来阻碍。

第二，售中赠品：促进成交。

在销售过程中，我们还会送出一些赠品，或者对第二次消费给予特权。比如肯德基的"第二杯半价"这些赠品策略的主要作用就是利用客户想占便宜的心理，让客户继续消费，或者让客户立即决定购买。

我们把销售过程中，用来吸引客户成交的赠品，统称为"售中赠品"。

售中赠品常见的方式有：买一送一、第二件打折等，这里就不过多分析。

第三，售后赠品：促进回头率与客户转介绍。

很多商家都会忽视售后赠品这一个环节，觉得既然销售都结束了，为何还要送赠品？其实售后赠品的第一个作用就在于，给客户留下良好的购买印象以及与客户建立愉悦的关系。

除此之外，售后赠品更大的作用在于促进客户二次购买。

这一点，我们在给餐饮行业的学员做策划案的时候，经常会使用到。比如，客户吃完饭后，商家会用代金券作为售后赠品，提醒并促进客户进行二次消费。

售后赠品还有两大秘密。

(1)售后赠品可以直接锁定客户在本店消费。上面所说的苏璇母婴店每月的会员周，就是通过微信群持续刺激，通过免费领取赠品这一个噱头，直接让客户与商家店铺的老板产生多频次的联系。让客户在不知不觉中，就和商家建立了深厚的友谊，也形成了在本店消费的习惯。这样一来，我们就锁定了客户今后的消费。

(2)售后赠品还可以嵌入客户人际关系中，促进客户把赠品送给他身边的朋友以及亲人，实现二次传播与转介绍。

苏璇这个案例中，我们就是通过赠品策略，让会员们带着自己的朋友来店里领取赠品，并炫耀自己的特权，从而促使客户的朋友也办理会员卡，成为会员。我们就在无形中，成功将客户转换成了自己店内的推广员。

这样的案例，在我的社群当中有太多。

比如，一家卖男士商务装的服装店，推出的会员服务是：每个月免费为客户干洗本店购买的衣服。普通会员1次、银卡2次、金卡3次。那么，这家店的会员每次把衣服拿回来干洗，在等着取衣服时，就会下意识地看看这家店的新款服装。看久了，买得也就多了。

　　营销就是这么有意思，就是这么厉害。

姓名：李赛赛

微信号：960067939

城市：河南驻马店

个人简介：万人学府驻马店地区院长

姓名：苏伟

微信号：13731207907

城市：河北保定

个人简介：万人学府保定地区院长

姓名：时玉荣

微信号：SL520558

城市：广东东莞

个人简介：万人学府东莞地区院长

姓名：徐美芳

微信号：meifang6778

城市：江苏萧山

个人简介：万人学府萧山地区院长

姓名：李小凤

微信号：ffyy442381367

城市：广东深圳

个人简介：万人学府深圳地区院长

姓名：张静娴(女神院长)

微信号：15113275897

城市：广东惠州

个人简介：广东圆梦教育公司CEO

姓名：周丽

微信号：zl994952338

城市：四川南充

个人简介：万人学府南充地区院长

姓名：刘泽

微信号：LqZ0701

城市：广东河源

个人简介：万人学府河源地区院长

姓名：叶江玉

微信号：1178935900

城市：广东茂名

个人简介：万人学府茂名地区院长

姓名：黎洋

微信号：baocaishily

城市：上海

个人简介：上海腾迎文化传播公司董事长中国梦保险梦金融创业论坛大会主席

姓名：陈肖(大圣)

微信号：54582159

城市：广东深圳

个人简介：宇福康学院创始人

香港大健康协会秘书长

姓名：陈迁理

微信号：Mxru88

城市：上海

个人简介："地球村牛村长"董事长

姓名：曹香丽

微信号：Ruienxieye

城市：广东惠东

个人简介：瑞恩鞋业有限公司董事长

姓名:洁欣

微信号:pangjsin001

城市:马来西亚(居銮)

个人简介:

伊芙龄品牌方

万人学府马来西亚(居銮)地区院长

姓名:肖宪君

微信号:13413111166

城市:广东惠东

个人简介:埠星数码董事长

姓名:蔡彬泉

微信号:1432839208

城市:广东汕头

个人简介:万人学府汕头地区院长

姓名:邱其梅

微信号:15370303703

城市:上海

个人简介:万人学府上海地区院长

姓名:陈蔓维

微信号:13967501615

城市:浙江嵊州

个人简介:万人学府嵊州地区院长

姓名:陈群

微信号:272786933

城市:浙江杭州

个人简介:万人学府杭州地区院长

姓名:毕超雄

微信号:13307266789

城市:湖北恩施

个人简介:爱善天使团队长

姓名:小小谢

微信号:13928365730

城市:广东惠东吉隆

个人简介:白花粥城创始人(老字号)

姓名:邱彦达

微信号:HuaBai88

城市:广东惠州

个人简介:惠州国惠大酒店负责人

姓名:林冬齐

微信号:13662368153

城市:广东佛山

个人简介:爱善天使万人团队长

姓名:舒丽

微信号:543577529

城市:广东惠州惠东

个人简介:万人学府惠东地区院长

姓名:陈昱甫(丑哥)

微信号:hfp7777777

城市:广东深圳

个人简介:万人学府联合发起人

姓名:林晓虹

微信号:linxiaohong520love

城市:广东深圳

个人简介:爱善天使团队长

姓名:赖玉标

微信号:Lvidao

城市:广东惠东

个人简介:有事找阿标创始人

姓名:罗汝华

微信号:15678665390

城市:广西南宁

个人简介:万人学府南宁地区院长

姓名:毛亚静

微信号:576982880

城市:河南鹤壁

个人简介:万人学府鹤壁地区院长

姓名:谭建明

微信号:tjm13477880465

城市:湖北咸丰

个人简介:万人学府咸丰地区院长

姓名:游燕妮

微信号:nizi966287

城市:广东惠州

个人简介:万人学府惠州地区院长

姓名:赵红波

微信号:1643238973

城市:内蒙古赤峰

个人简介:万人学府赤峰地区院长

姓名:云崖暖

微信号:15322250788

城市:广东广州

个人简介:万人学府广州地区院长

姓名:胡荣兰

微信号:HRL697297

城市:湖南衡阳

个人简介:万人学府衡阳地区院长

姓名:李彦彦

微信号:lyy1628

城市:湖北随州

个人简介:万人学府随州地区院长

姓名:汪秋艳

微信号:xyw6030

城市:河北保定

个人简介:万人学府保定地区院长

姓名:武素芳

微信号:bhwwsf

城市:湖北恩施

个人简介:万人学府恩施地区院长

姓名:夏照

微信号:xia150411jj

城市:上海

个人简介:万人学府上海地区院长

姓名:陈柳梦

微信号:772776184

城市:四川成都

个人简介:万人学府成都地区院长

姓名:钟毕珍

微信号:717054528

城市:广东佛山

个人简介:万人学府佛山地区院长

姓名:向希文

微信号:qiulaotai1106

城市:湖北恩施

个人简介:万人学府恩施地区院长

姓名:王在琼

微信号:tigerzhuxue

城市:重庆

个人简介:万人学府重庆地区院长

姓名:张菲霞

微信号:AI380708853

城市:广东龙门

个人简介:"菲厨"理想家生活馆创始人

姓名:高英平

微信号:gyp0537

城市:山东济宁

个人简介:悦天使集团(山东区)推广

中心负责人

姓名:何燕兰

微信号:Lan110719

城市:广东广州

个人简介:万人学府广州地区院长

姓名:温一铭

微信号:15288297625

城市:云南昆明

个人简介:万人学府昆明地区院长

姓名:雷芳

微信号:ggm1711101159

城市:湖北咸丰

个人简介:万人学府咸丰地区院长

姓名:朱文娟(西贝)

微信号:Z1003155248

城市:安徽淮南

个人简介:万人学府淮南地区院长

姓名:黄小琴

微信号:dyw060829

城市:湖北咸丰

个人简介】万人学府咸丰地区院长

姓名:宋宝荣

微信号:qiqiuhan0908

城市:天津

个人简介:万人学府天津地区院长

姓名:王云(王爷)

微信号:491229324

城市:四川广元

个人简介:万人学府广元地区院长

姓名:彭国仙

微信号:13450102059

城市:广东茂名

个人简介:万人学府茂名地区院长

姓名:郑珊珊

微信号:13480728336

城市:广东梅州

个人简介:万人学府梅州地区院长

姓名:程地红

微信号:18071920836

城市:湖北恩施

个人简介:万人学府恩施地区院长

姓名:黄哲

微信号:171924729

城市:湖北黄冈

个人简介:万人学府黄冈地区院长

姓名:董宇

微信号:17743082489

城市:吉林长春

个人简介:万人学府长春地区院长

姓名:王玉梅

微信号:1711661913

城市:上海

个人简介:万人学府上海地区院长

姓名:李萌萌

微信号:tc520991

城市:河北石家庄

个人简介:万人学府石家庄地区院长

姓名:贾红萍

微信号:1069093118

城市:黑龙江鹤岗

个人简介:万人学府鹤岗地区院长

姓名:刘梦琪

微信号:c1c2c66

城市:湖北武汉

个人简介:万人学府武汉地区院长

姓名:李兆清

微信号:A18897923296

城市:江西九江

个人简介:万人学府九江地区院长

姓名:叶霞

微信号:yexia504759400

城市:广东广州

个人简介:万人学府广州地区院长

姓名:马玲

微信号:277207334

城市:浙江宁波

个人简介:万人学府宁波地区院长

姓名:韩芳

微信号:dongjie11828

城市:山东临沂

个人简介:万人学府临沂地区院长

姓名:邓天义

微信号:18038476655

城市:广东东莞

个人简介:万人学府东莞地区院长

姓名:张雪燕

微信号:928514284

城市:广东阳江

个人简介:万人学府阳江地区院长

姓名:汪小红

微信号:15061973714

城市:江苏常州

个人简介:万人学府常州地区院长

姓名: 高贵君

微信号:382748813

城市:江西九江

个人简介:万人学府九江地区院长

姓名:娄苗苗

微信号:18600752420

城市:北京朝阳

个人简介:万人学府朝阳地区院长

姓名:冯小梅

微信号:Fxm463508

城市:四川成都

个人简介:万人学府临沂地区院长

姓名:林乐园

微信号:LLL737644034

城市:广东茂名

个人简介:万人学府茂名地区院长

姓名:张晶

微信号:846151695

城市:山东邹平

个人简介:万人学府临沂地区院长

姓名:张巧伶

微信号:17312175290

城市:江苏苏州

个人简介:万人学府苏州地区院长

姓名:朱艳婷

微信号:zyt1720

城市:广东广州

个人简介:万人学府联合发起人

姓名:梁小玲

微信号:2012829797

城市:广东惠州

个人简介:万人学府惠州地区院长

姓名:熊樱

微信号:xiongying126

城市:湖北恩施

个人简介:万人学府联合发起人

姓名:戴义霞

微信号:Dyx0711

城市:北京朝阳

个人简介:万人学府朝阳地区院长

姓名:秋儿妈妈

微信号:yyqhhqiu

城市:湖北恩施

个人简介:万人学府联合发起人

姓名:敏敏

微信号:Sumer02

城市:北京东城

个人简介:万人学府联合发起人

姓名:秋秋

微信号:qiuping602852

城市:江苏无锡

个人简介:爱善天使团队长

姓名:芯芯

微信号:li379432546

城市:湖北孝感

个人简介:万人学府联合发起人

姓名:廖玉秀

微信号：wl15900143306

城市:广东省湛江

个人简介:万人学府湛江地区院长

姓名：谢宏

微信号：13715098075

城市：广东深圳

个人简介：万人学府深圳地区院长

姓名：王群

微信号：15098006435

城市：湖北黄冈

个人简介：万人学府黄冈地区院长

姓名：邓小琴

微信号：357382529

城市：上海

个人简介：万人学府上海地区院长

姓名：林乃芬

微信号：15168867059

城市：山东济南

个人简介：万人学府济南地区院长

姓名：蔡丽斯

微信号：13715610512

城市：广东珠海

个人简介：万人学府珠海地区院长

姓名：李明霞

微信号：13317400415

城市：湖南岳阳

个人简介：万人学府岳阳地区院长

姓名：王汉石

微信号：isladdwang

城市：海南海口

个人简介：万人学府海口地区院长

姓名：张永鸿

微信号：13126118264

城市：河北石家庄

个人简介：万人学府石家庄地区院长

姓名：刘佳

微信号：17802567205

城市：河南许昌

个人简介：万人学府许昌地区院长

姓名：彭志红

微信号：peng19931a

城市：四川丹棱

个人简介：万人学府丹棱地区院长

姓名:岚岚

微信号:13713942908

城市:广东深圳

个人简介:万人学府临沂地区院长

姓名:吴念乔

微信号:ahq821888

城市:重庆丰都

个人简介:营销策划师

姓名:梁公子

微信号:zbc1983zzz

城市:广西柳州

个人简介:女神汇创始人

姓名:菲儿

微信号:feierjjj

城市:湖南长沙

个人简介:微商出货导师

姓名:乐乐女王

微信号:lmc45666

城市:江苏南京

个人简介:个人形象定制师

姓名:姜蓉

微信号:r96596

城市:河北邯郸

个人简介:聚美国际千人团队长

实战案例、营销内幕、步步破拆，尽在万人学府！

扫码，获取内部福利：